初心者でも安心！

世界を広げる

英語リーディング

英語パーソナルトレーナー
High Trevor 代表

大庭 平八郎

はじめに

　巷ではたくさんの英語の勉強法で溢れています。中には、「このやり方がすべて！　いつまで○○やっているの⁉」のような見出しのものもあります。私は、それぞれのやり方が間違っているとは思いません。むしろ、肯定派です。どのやり方も間違っていない。でも、今の学習者にとってそのやり方があっているかと言われたら、「今のあなたには、それじゃないよ！」と思うことも多々あります。何かを学習するときには段階があります。今のあなたのレベルだと、そのやり方はまだ早い、もしくは今更それはしなくていい。そういう判断やアドバイスをしながら私は英語講師として教えているつもりです。そんな私も一時期は「思春期過ぎたら文法が全て！　まずは文法から学ぶべきだ！」と、べき論に縛られて英語を教えている時期がありました。でも、何から教えるかは人によって違います。結局は学習者がモチベーションを維持できなければ、英語を諦めてしまいます。英語を教える者として、それは一番避けたいことです。

　本書の内容は英語のリーディングの上達法です。英語講師として働いてきて、今までは英文法を教えながら、それをすぐに使わせて話をさせて、スピーキング力を上げるという教え方をし続けていました。ただ、ここ数年感じていたことで、日本人は情報量が足りていないかもしれないということ。自分が選択した1つの情報だけを信じて、それが是であるかのように発言してい

る人がいました。それがその方の幸せなら私は何も止めません。でも、もしかしたらこの人は他の情報も入手していたら、もっと違う考えになっていたのかもしれない。日本だけにしかない情報ももちろんあるとは思いますが、でも逆も然りで日本語には（まだ）訳されていない、英語だけの情報もネットにはたくさん転がっています。その英語情報を手にしたとき、日本人は自分でどの情報を信じ取捨選択をしていき、そしてその人が生きたい道を選ぶことで、さらに人生の選択肢が増えると思いました。無料の翻訳機も少しは役に立つとは思いますが、翻訳機は結局、双方の言語ができる人がより有効活用できるためにあるもので、どちらかの言語がわかっていない人には誤情報を与える危険なものにもなり得ます。

そして英語から日本語に翻訳されている文章を目にしたとき、その日本語の情報が全て正確だとは限りません。その情報の信憑性を調べるためには結局、自分で英文を調べていかないとわからないことも多々あります。

それなら、単語を調べながらでもいいから、日本人にもっと英文を読める力をつけてほしい！ そういう気持ちで今回、英文のリーディングができるようになるための本を書くことにしました。この本が少しでもお役に立ちますよう願っております。

目　次

第3章　実践　スラッシュリーディング

第 1 章
英文を読むために 必要なこと

まず第 1 章では、

英文を読むために必要なことを書いていきます。

英語に関する本やネットでは、

単語だったり、文法、多読、精読だったり、

英文を読むためのスキルとして

色々と言われていますが、

順を追って説明していきます。

語彙力（単語・熟語）

　読解において単語・熟語は知っていれば知っているほど、ストレスなく読みやすくなってきます。スピーキングとライティングに関しては理解語彙はもちろん、使用語彙を増やすことがとても大切ですが、リーディングとリスニングに関しては理解語彙をとにかく増やしていきましょう。ちなみに使用語彙に関しては理解語彙の範疇なので、理解語彙が増えなければ使用語彙が増えることはありません。

　そして、理解語彙といっても、単語を見た瞬間、聞いた瞬間に意味が理解できるようになっておく必要があります。

　例えば、「forgetful…なんかこの単語見たことあるなぁ。なんだっけ…あー!! forget が確か"忘れる"という意味だから、forgetful は"忘れっぽい"という意味だったはず！　この前、自分のオリジナル単語リストに書いた単語だ！」という感じだと、本当の意味で理解語彙だと言えません。この調子ですと、実際に英文を読もうとしたときに、かなり時間がかかります。そしてストレスが溜まり、最終的にその文章を読むのが億劫になってしまうことでしょう。

　とりあえず、英字新聞や英語の本などを日本語の新聞や本と同じようにさらっと読みたい場合は、わからない単語は気にしないようにする必要があります。もちろん、精読をする場合は単語を調べながら読んでいくという学習法をお勧めしますが、わからない単語を全て調べながら読んでいこうとすると時間がかかってしまい途方に暮れます。たとえば日本語の本を読んでいる時も知らない単語が出てくることもあると思いますが、前後の文脈から判断できることもありますし、とりあえずその単語がわからなくても全体の内容

は把握できると思います。ただ、わからない単語が多すぎると、今度は読む
気が起きなくなりますけれど。

　私が大学生の頃（英語学科卒業）、大学のとある教授から「本を読むときに
1ページあたり（約300語中）わからない単語が5〜6個ぐらいだとストレ
スなく読めて、ちょうどいいレベルだ」とアドバイスをもらいました。実際
に私が今まで本を読んでいるときも、1ページあたり10語近くわからない単
語が出てくるとちょっとストレスを感じていました。個人的なアドバイスと
しては当時の教授が話していたように、1ページあたりわからない単語が5
〜6個ぐらいの本を読んでいきながら、英文を読むことに慣れ、スピード向
上を図ることをお勧めしています。そうすることで、単語を見てさらに早く
意味が理解できるようにもなっていきます。何度もその単語・熟語に触れて
本当の意味での理解語彙にしていきましょう。

文法

　文法は新しい言語を学ぶ上でとても大切なものです。小さい子どもであれ
ば、感覚で学べるところもあると思いますが、大人になればなるほど理屈脳
になっていくので、文法というその言語の法則性を学んだ方が、その言語を
効率よく習得することができるのです。文法は、その言語における骨格のよ
うな役割を果たしていて、その骨組み、基礎組みがなければ、どこにどのよ
うに肉付けをしていいのかわからない状況になってしまいます。つまり、単
語だけ覚えても結局それを活かすこともできなければ、積み上げることもで
きませんし、文法を理解していないと、英文を理解することもできません。
単語を知っているから、なんとなく書いている英文の意味がわかるという方
の多くは、その英文の作りを本当の意味で理解していないので、いつまでも「な
んとなく」しかわからないのです。

　大人になって感覚で他言語を習得できている方も、もちろん一定数はいま
す。きっとそういう方は、その言語での文章を読んだり聞いたりしたときに、

その言語の法則性などを自然とご自身の中で分析や分類できて、パターンを理解している人だと思います。ただたくさん例文などを見たり聞いたりして自分なりに分類するよりは、その法則である文法を先に学んだ方が圧倒的に早くその言語を習得しやすくなります。

　文法は本当に大切です。2章で基礎的な文法を簡易的に説明していきたいと思います。

スキミング・スキャニング

　ここでいうスキミング（skimming）は「ざっと読む」ことです。決してカード犯罪で使われるカード情報を不正に読み取って偽造カードを作ることではありません！　スキミングと聞くと、スキャニング（scanning）を思い出す方もいるかもしれません。スキミングもスキャニングも両方とも「ざっと読む」方法ですが、それぞれ目的が違います。

スキミング……文章の全体像をつかむために「ざっと読む」
スキャニング……文章から欲しい情報を見つけるために「ざっと読む」

　英語の新聞、ニュース、本、雑誌などを斜め読みして全体を理解するのはスキミング。
　英語の問題を解くために情報を探したり、調べ物のために本などを読んで探し出したりするのがスキャニングということになりますね。

　では、このスキミングとスキャニングをするときのポイントとして、まず知っておいてほしいことがあります。それは、

英語は「結論が先、説明が後」

　ということです。

　英語の文章は基本的に重要なことである結論を先に書いて、細かい説明は後に書かれてあります。つまり、文章の最初の部分を理解できないと、その英文全体が理解できなくなってしまいます。そしてこの法則は、1つ1つの文においても当てはまります。

I've lost the pen that you gave me as a birthday present last year.

　英語ではまず核となる重要な造り「I've lost the pen：私はペンをなくしちゃった」を表現してから、そのペンがどのようなペン「the pen that you gave me as a birthday present last year：去年あなたが誕生日プレゼントでくれたペン」なのかを後ろから説明をしています。

　それとは対照に、日本語では結論が最後に来ることが多いですよね。上記の英語を日本語の順番で訳すなら、「去年あなたが誕生日プレゼントでくれたペンをなくしちゃった」と「ペンをなくした」の部分が最後に現れます。

　他にも日本語だったら
「ここに来る途中、おばあさんの荷物運びを手伝っていたので遅れました！」

　でも英語だったら
I was late because I was helping an elderly lady carry her baggage on the way here.
　というように、まずは「I was late：私は遅れました」という結論を先に述べてから、その細かい説明を後に。これが英語の特徴です。

文章（メール）の例を挙げるなら

Hi Stuart,

I am emailing you to ask for your help.

I am preparing handouts for the next meeting and need some updates from your team. It would be helpful if you could send me the updates by the end of this month, October 31.

If you have any questions, please let me know.

Best regards,
Heihachiro Oniwa

　訳は省きますが、このメールでは最初に「I am emailing you to ask for your help.：お願いがあってメールを差し上げております」と結論から述べてから、その細かい説明（資料作成のための最新情報を今月末までに送ってほしいという内容）が書かれています。

　「結論が先、説明は後」ということを意識しながら英文を読むだけでも、英語の文章は読みやすくなります。100％そうだと言い切ることはできませんが、新聞や実用書などでは英文の各段落の一文目はその段落の要点であることが多いです。文章全体の内容を把握するスキミングをするときにも、自分が欲しい情報を手に入れるためのスキャニングをするときにも、各段落の最初の部分を読み取ることができればスムーズに目的を達成しやすくなりますので、ぜひ「結論が先、説明は後」ということを意識しながら英文を読んでみてください。そして自分の心地良いスピードで読めるまで繰り返し多読をしてみましょう。

精読

　精読は英文をより正確に理解するための方法であり、多読は先述のスキミング・スキャニングをするための方法と言えます。多読だけでも、単語がわかっていれば"なんとなく"文章を理解できるかもしれませんが、結局、"なんとなく"でしかないのです。正確な英語の読解力なくして多読をしてしまうと、英文の内容を勘違いして読み進めてしまう可能性があるので、最終的にその英文が何を意味していたのかわからなくなってしまうこともあるでしょう。

　では、実際に英文を精読するために必要なもの。それは、語彙力と文法力です。文法と聞くと拒否反応が出る方もいらっしゃるかもしれませんが、文法力がないと結局いつまでも"なんとなく"しか英文を読めず、読解力を身につけるのに遠回りになってしまいます。もちろん"なんとなく"わかっている文章を何度も読むことによって、もしかしたらこの文章の解釈はこういうことかもしれないと徐々にわかってくることもあるとは思いますが、最初から「理屈である文法」を理解した上で文章を読み解いた方が、効率は圧倒的に上がると言えます。

　以上のことから、英文を読めるようになるための理想的な勉強の順番は以下のようになります。
1：語彙力の向上・文法の習得
2：精読
3：多読
　理想的な効率の面で話をしていますが、実際、この順番にこだわりすぎて英語を読むこと自体が継続されなければ意味がありません。モチベーションが続けられる方法、順番で進めていきましょう。

BTW

I

　僕の好きな言葉に「The world is your oyster.」というフレーズがあります。意訳すると「世界はあなたの思いどおり」のような意味になります。ここでの oyster は牡蠣というよりは、真珠貝のことです。

　元々はシェイクスピアの作品にある言葉で、「世界はあなたの真珠貝のようなもの。この剣でこじ開けてみせよう」というセリフがあります。つまり「誰にでもチャンスは転がっていて、それを掴むかどうかはあなた次第。そして掴めば、世界はあなたの思いのままになる」といったニュアンスがあります。

　僕は「The world is my oyster.」と思うようにしています。「一歩踏み出してやるかやらないかは自分次第だけれども、やればきっと自分にとってプラスになるだろう。やることで、ワクワクする世界へレッツゴー!!」というテンションで、自分に言い聞かせています。そして僕と関わってくれる人たちにも、「The world is my oyster.」と思い、自信を持ってワクワクしながらさまざまなことに取り組んでくれたら嬉しいなと思います。

　The world is your oyster!!

　　　　※ BTW とは by the way「ところで」という意味の略語です。

第 2 章
文 法

実際に英文を読む練習をする前に、

簡単に文法の勉強をしましょう。

ここでは基礎的なことを紹介するだけです。

実際はそれぞれの文法事項をもっと深掘りして

解説することができますが、

まずは基礎を押さえることが大切ですので、

まずは簡単に解説していきます。

品詞

　英語は５つの文の型があります。これを文型といい、英語においては５つの文型しかありません。この５つの文型がわかっていれば、そこに単語を当てはめるだけで文を作ること・話すことができますし、英文を読むときにおいても文型がわかるからこそ、文章を読んでいくことができます。

　英文を読むための文型を含めた基礎的な文法をお伝えしていく前に、理解してほしいことがあります。

　それは品詞です。単語にはそれぞれ品詞があります。品詞は意味や機能で分類されたもので、例えば、名詞、代名詞、動詞、形容詞などです。まず必ず覚えておいてほしい品詞は５つあります。

名詞	動詞	形容詞	副詞	前置詞

　上記の５つは必ず、どういう役割を果たすのか覚えておきましょう。

◆名詞

　名詞は人・物の名前、概念、職業などを表します。

　単語だけで名詞を表すこともあれば、名詞の役割を果たすものとして名詞句や名詞節と呼ばれるものもあります。

　例えば、名詞句は「歩く」という動詞を「歩くこと」にすると名詞句と呼ばれます。

　名詞節に関しては「彼が遅れました」という文を「彼が遅れたということ」という形にすると、これが名詞節と呼ばれます。

◆動詞

　動詞は動きを表す「動作動詞」と様子や状態を表す「状態動詞」があります。

　動作動詞とは実際に動きのある「eat 食べる」「run 走る」「walk 歩く」な

どが挙げられます。

　状態動詞は「live 住んでいる」「like 好き」「have 持っている」のほか、be動詞と呼ばれる is, am, are などは特に意味を持たない数学でいうところのイコール（＝）の役割を果たすときや「いる・ある」など存在していることを表すときに使い、be 動詞も状態動詞として挙げられます。

　そしてこの動詞が後ほど説明する文型を決めます。例えば走るという意味の run を使うと第 1 文型になるとか、eat を使うと第 3 文型になるなど、動詞を覚えるときは必ず例文と一緒に覚えておかないと、英文を作ることもできなければ読むことも難しくなってくるでしょう。動詞を覚える際は、絶対に例文と共に覚えていくようにしていきましょう。

◆形容詞

　形容詞は「beautiful 美しい」「big 大きい」「honest 正直な」「kind 親切な」など状態を表し、名詞を修飾・説明するものとして覚えましょう。

Example

美しい	女性		親切な	少年
beautiful	lady		kind	boy
形容詞	名詞		形容詞	名詞

◆副詞

　副詞は「sometimes 時々」「very とても」「yesterday 昨日」「here ここに」など、頻度、程度、時、場所を表し、動詞、形容詞、副詞を修飾・説明するものとして覚えましょう。

Example

とても	美しい	女性
very	beautiful	lady
副詞	形容詞	名詞

「very とても」は「beautiful 美しい」という形容詞を修飾していて、「lady 女性」という名詞を修飾していません。

文で例を出すと

私は	話す	英語を	流暢に
I	speak	English	fluently.
名詞	動詞	名詞	副詞

「fluently 流暢に」という副詞は「流暢に私」と「私」という名詞を修飾しているわけでもなく、「流暢に英語」と「英語」という名詞を修飾しているのでもなく「流暢に話す」と「話す」という動詞を修飾しています。

◆前置詞

前置詞は名前の通り、前に置く詞ということで、何の前の置くのかといえば、名詞の前に置きます。［前置詞＋名詞］これがひとかたまりとなって形容詞もしくは副詞の役割を果たします。

例えば、鎮痛剤と言ったときに

薬	〜のため	頭痛
medicine	for	headache
名詞	前置詞	名詞

for headache という［前置詞＋名詞］は今回であれば形容詞の役割を果たし、前の名詞を修飾して「頭痛のための薬」すなわち「鎮痛剤」を意味します。

文で例を出すと

私は	行く	～へ	学校
I	go	to	school.
名詞	動詞	前置詞	名詞

　to school という［前置詞＋名詞］は「学校へ私」というのは文としておかしく、「学校へ行く」と「行く」という動詞を修飾しているので副詞の役割があります。以上のように［前置詞＋名詞］は形容詞もしくは副詞の役割があります。

　まずはこの基本的な名詞、動詞、形容詞、副詞、前置詞の５つは必ず押さえておきましょう。

MEMO

文型

英語には第１文型〜５文型の５つがあります。

第１文型 SV	第２文型 SVC	第３文型 SVO	第４文型 SVOO	第５文型 SVOC

　では、そもそもこのSVOCそれぞれは何のことなのかを先に解説していきます。

　文法嫌いの方はここで本を閉じたくなるかもしれませんが、ここを理解していないとどんな英文も本当の意味で理解することができません。ちょっと頑張ってお付き合いお願いします。

◆ Subject

　S（subject）は主語のことで、「〜は」「〜が」などの意味があり、原則として文の最初にきます。そして主語には名詞が使われます。

◆ Verb

　V（verb）は動詞のことです。文型を判断するに際し、動詞は自動詞と他動詞の２つがあることを覚えておきましょう。自動詞は第１文型と第２文型、他動詞は目的語を必要とする第３〜５文型のどれかに当てはまります。

◆ Object

　O（object）は目的語のことで、動詞の動作の目的、対象になる語のことです。日本語では「〜を」「〜に」と訳すことが多いですが、必ずしもそうとは限りません。I like fish.だと「私は魚が好きです」となり、この文では「魚」が目的語です。動詞はlike「好き」で、好きの対象が何かといえばfish「魚」なので、魚が目的語になります。日本語の直訳に惑わされず、あくまで動詞

の動作の目的、対象が何かを見極めましょう。そして目的語には名詞が使われます。

◆ Complement

C（complement）は補語のことで、S（主語）や O（目的語）が誰なのか、何なのか、どういう状態なのかなどを説明するためのものです。そして補語には名詞もしくは形容詞が使われます。

◆ Modifier

M（modifier）は修飾語のことで、SVOC が英文の核となる部分であれば、その核を肉付けするものです。修飾語には副詞もしくは［前置詞＋名詞］が使われます。

　英語はこの5文型のどれかに必ず当くはまります。そして修飾語である M は文の中にいくつでも置くことができ、もちろん置くのが好まれやすい場所はありますが、文法的にはどこに置いても間違いではありません。もちろん日本語と一緒でこれは比較的近くに置いておいた方がいいという場合、ここは意味の結びつきが強いからあまり離さないという場合は多々あります。

　例えば、次の文は第1文型の文で、「昨日、私は彼とそこに行きました」という文になります。

Example

I　went　there　with him　yesterday.
S　　V　　　M　　M［前置詞＋名詞］　　　M

時を表す副詞の yesterday は文頭にもってきても構いません。

Yesterday, I went there with him.
M　　　S　　V　　　M　　　　M

　まずは本当の意味で英文を理解するためにも、この SVOCM を押さえておきましょう。

MEMO

第1文型

目標 次の文章を理解できるようになりましょう。
There is a big park in this city. Many people run at the park. You can get there by car in 10 minutes.

　第1文型は SV で成り立つ文です。「誰が、何がどうする」という、それだけで動作が完結する動詞（walk 歩く、swim 泳ぐ、work 働く、cry 泣く）や、存在を表す動詞（be いる・ある、live 住んでいる）が第1文型で使われる代表的な動詞です。
　S には名詞、V には動詞が当てはまります。

Example

I　walk.　　私は歩きます。
S　　V

これだけでも立派な文なのです。

Example

I　walk　fast.　　私は速く歩きます。
S　　V　　M（副詞）

I　walk　every day.　　私は毎日歩きます（散歩します）。
S　　V　　　M（副詞）

　というように、他に M が置かれても、この文はあくまで SV の第1文型と考えられます。

存在を表すときも第1文型になります。

I'm　　in Tokyo.　　私は東京にいます。
S V　　M［前置詞＋名詞］

I　　live　　in Tokyo.　　私は東京に住んでいます。
S　　V　　　M

少し形は変わって

There　　is　　a dog　　at the door.　　ドアのところに犬が1匹います。
M　　　　V　　S　　　　M［前置詞＋名詞］

こちらは倒置が起きていますが、第1文型でよく使われる存在表現です。

英文を読みながら、動詞の次に場所を表す副詞や前置詞が出てきたら、「これは第1文型の文だ！」と思って大丈夫です。

まとめ　英語の語順通り、理解できるように読んでいきましょう。

There is　　a big park　　in this city.
ある　　　　大きな公園　　　この街に

Many people　　run　　at the park.
たくさんの人　　　走る　　この公園で

You　　can　　get there　　by car　　in 10 minutes.
あなた　できる　そこに到着する　車で　　　10分で

第2文型

目標 次の文章を理解できるようになりましょう。
It's still bright at 5, but it gets dark at 6.

　第2文型は SVC で成り立つ文です。つまり「S は C です（S ＝ C）」と考え
てもいいですし、C（補語）が S（主語）を説明していると考えてもわかりや
すいです。状態を表す動詞（be 〜である、look 〜に見える、keep 〜のまま
である）、変化を表す動詞（become, get, turn 〜になる）、感覚を表す動詞
（sound 〜に聞こえる、taste 〜の味がする、smell 〜のにおいがする、feel
〜の感じがする）が第2文型をとる動詞の代表例です。
　S には名詞、V には動詞、C には名詞もしくは形容詞が当てはまります。

Example

I　am　happy.　私は幸せです。
S　V　　C

She　looks　happy.　彼女は幸せそうに見えます。
S　　V　　　C

He　became　a doctor.　彼は医者になりました。
S　　V　　　C

It　got　dark.　暗くなりました。
S　V　　C

　※天候・気候、時間、明るさ・暗さ、お互い何について話しているかわかっ
ているときには、主語は it が使われます。

Leaves turned red.　紅葉しました。（葉っぱが赤くなりました）
　S　　　V　　　C

The flower smells sweet.　その花は甘いにおいがします。
　　S　　　　　V　　　　C

　英文を読みながら、動詞の次に形容詞が１つだけ出てきたら確実に、名詞が出てきて「S（主語）＝その名詞」が成り立っていたら S＝C、すなわち「これは第２文型の文だ！」と思って大丈夫です。

まとめ 英語の語順通り、理解できるように読んでいきましょう。

It's still bright at 5,
　　　　まだ　　明るい　　５時は

but it gets dark at 6.
でも　　　　なる　　暗い　　６時には

第３文型

目標

次の文章を理解できるようになりましょう。

I put the documents on his desk the day before yesterday, but I found them in the dust bin this morning. He threw them away by mistake.

　第３文型は SVO で成り立つ文です。第３文型は非常によく使われる型です。目的語を１つだけ取り、S（主語）と O（目的語）がイコールの関係になりません。日本語の「～を、～に」に相当するものが多いです。O には名詞や名詞と同じ役割を果たす名詞句や名詞節などが当てはまります。

Example

第２文型

He　became　a doctor.　彼は医者になりました。
S　　V　　　名詞

第３文型

He　drinks　coffee.　彼はコーヒーを飲みます。
S　　V　　名詞

　SV の後に両方とも名詞が来ていますが、He became a doctor. は「彼＝医者」の概念が成り立っているので SVC の第２文型、He drinks coffee. は「彼≠コーヒー」なので SVO の第３文型になります。

I　put　the document　on your desk　yesterday.

S　V　　　O　　　　　M［前置詞 + 名詞］　　　M

昨日あなたのデスクに書類を置いたよ。

I　attend　the meeting　every Tuesday.

S　V　　　O　　　　　M

毎週火曜日、その会議に参加します。

　日本語に訳すときに必ずしも「〜を」だけでなく、「〜に」になることもあります。「〜に（なる）」といった第2文型の動詞と混同しがちかもしれませんが、あくまで動詞の後に名詞の役割が1つだけきているとき、かつ主語とイコールの関係が成り立っていないときの動詞が第3文型になる動詞です。正しい例文を覚えることで、どの動詞が第3文型をとる動詞なのかを覚えていくようにしましょう。

　英文を読みながら、動詞の次に名詞が1つだけ出てきて、「S（主語）＝その名詞」が成り立っていたら第2文型ですが、イコールの関係性が成り立っていなかったら「これは第3文型の文だ！」と思って大丈夫です。

まとめ　**英語の語順通り、理解できるように読んでいきましょう。**

I　put　documents　on his desk

私　置いた　書類　　　彼のデスクに

the day before yesterday,

一昨日

but　I　found　them　in the dust bin　this morning.

でも　　　見つけた　それらを　　ゴミ箱の中　　　今朝

He　threw　them　away　by mistake.

彼　捨てた　それらを　　　　間違って

MEMO

第４文型

次の文章を理解できるようになりましょう。
I bought her a lot of textbooks, and she taught her students English with the textbooks.

　第４文型は SVOO で成り立つ文です。目的語を２つ取り、主に SV 人物と１つ目の O には「人」、２つ目の O には「物」を表す名詞が入ります。１つ目の目的語は間接目的語と呼ばれ「〜に」にあたる言葉が入ります。２つ目の目的語は直接目的語と呼ばれ「〜を」にあたる言葉が入ります。

Example

I　gave　him　a present.　　私は彼にプレゼントをあげました。
S　V　O（人）　O（物）

He　made　his son　a chair.　　彼は息子に椅子を作りました。
S　V　O（人）　O（物）

　そして第４文型のほとんどは、前置詞を使うことで第３文型に書き換えることができます。

I gave him a present.
◉ I gave a present to him.

He made his son a chair.
◉ He made a chair for his son.

大体のパターンで to もしくは for という前置詞を使います。

　to も for も「〜に」と訳せますが、そもそも to には「到着」の概念 for には「方向」の概念があります。先の文の give の例でいくと、to には到着に重きが置かれるので、プレゼントは直接相手のところに到着している必要があります。to は「直接、相手に到着している」イメージです。それに対し for に関しては方向の概念であって、目的地に到着している必要がありません。make の例では、一旦「作る」という行為があって、それから対象の相手に与える（与えられないこともあるかもしれない）というように、for を使うときは「相手のところへ到着するまで 1 つ他のアクションがある」イメージです。

　ちなみに物の目的語が代名詞のとき it や them のときは第 3 文型が好まれます。

○　**I gave it to him.**　（私は彼にそれをあげました）
×　**I gave him it.**

　英文を読みながら、動詞の次に名詞の役割を果たすものが 2 つ連続で来て、かつ 1 つ目の O（目的語）と 2 つ目の O がイコールの関係が成り立っていなかったら「これは第 4 文型の文だ！」と思って大丈夫です。

 まとめ　**英語の語順通り、理解できるように読んでいきましょう。**

I	bought	her	a lot of textbooks,
私	買った	彼女に	たくさんの教科書

and	she	taught	her students	English
そして	彼女は	教えた	生徒に	英語を

with the textbooks.
　　その教科書を使って

第5文型

次の文章を理解できるようになりましょう。
I found the color faded, so I painted it brown.

第5文型は SVOC で成り立つ文です。O（目的語）＝ C（補語）と考えて
もいいですし、C（補語）が O（目的語）を説明していると考えてもわかりや
すいです。第4文型と第5文型の違いは、このようになります。

Example

第4文型

He	made	his son	a chair.	彼は息子に椅子を作りました。
S	V	O	O（名詞）	

第5文型

He	made	his son	a doctor.	彼は息子を医者にしました。
S	V	O	C（名詞）	

同じ make を使っても、第4文型で「O（人）に O（物）を作る」という
意味になるときと、第5文型で「O（目的語）を C（補語）にする」という意
味になるときがあります。上記の2つの文は、He made his son までは両方
とも同じで、その後に a chair と a doctor の両方とも名詞が来ているにも関
わらず、それぞれ make の意味が異なっています。これは O ≠ O なのか O
＝ C の関係が成り立っているのかで文型が異なるので、結果、意味も変わっ
てくるのです。O には名詞だけですが、C には名詞もしくは形容詞が当ては
まり名詞が来るときもあるので紛らわしいかもしれませんが、あくまで O ＝
C が成り立っているかどうかを意識しながら文章を作ったり、読んだりして
いきましょう。

Example

She　left　the window　open.　彼女は窓を開けっ放しにしました。
　S　　V　　　O　　　　C

My father　named　me　Heihachiro.
　　S　　　　V　　　O　　　C

父が私を平八郎と名付けました。

　英文を読みながら、動詞の次に名詞が来て、次に名詞もしくは形容詞が来て直前の名詞とイコールの関係が成り立っていたら「これは第5文型の文だ！」と思って大丈夫です。

 英語の語順通り、理解できるように読んでいきましょう。

I　found　color　faded,
私　わかった　色　褪せている

so　I　painted　it　brown.
だから　私　塗った　それを　茶色

英語を理解する上では文型はとても大切です。例えば、get という動詞に関しては第1〜5文型全ての意味を持ちます。

第1文型

I　got　to the station　earlier.　駅に早く到着しました。
S　V　　　　M　　　　　　　M

第2文型

He　got　angry.　彼は怒りました。
S　　V　　C

第3文型

I　got　the license.　認可を取得しました。
S　V　　　O

第4文型

He　got　me　beer.　彼は私にビールを買ってくれました。
S　　V　　O　　O

第5文型

I　got　my hair　cut.　髪を切ってもらいました。
S　V　　O　　　　C

（この時の cut は過去分詞の cut で形容詞の役割を果たす）

文型を理解していないと、この get の意味を正しく理解することができません。英語の骨格である文型を理解して初めて他の文法も活かされます。英文を読むとき、作るときはまずは文型を意識しながら進めていきましょう。

現在形・現在進行形

目標 次の文章を理解できるようになりましょう。
I always go to the gym at this hour, but I'm working now.

「私は英語を勉強しています」という日本語を聞いたときに、皆さんだったらどういう英語を思いつきますか？

I study English.
I am studying English.

どちらかの英文を思いついた、両方思いついたという方もいると思います。これは状況次第ではどちらも正解です。そもそも日本語におけるコミュニケーションは、言葉以外の意味に重きをおくハイコンテクスト文化であり、あいまいな表現を好む傾向にあります。一方、英語におけるコミュニケーションは、文章自体あいまいさがない、直接的でわかりやすい表現を好むローコンテクスト文化だと言われています。上の文も日本語では前後の文脈でニュアンスを使い分けていますが、英語では文法も明快で言葉ではっきりと表現します。

英語における現在形は「現在の習慣」「現在の状態」「事実・真実」を表します。
そして現在進行形（be 動詞＋一般動詞の ing）は「たった今、している＝一時的」「〜しようとしている＝近接未来」を表します。

I study English. は普段何をしているか聞かれたときなどに「（習慣的に）英語を勉強しています」と言うことができますし、I am studying English. は電話がかかってきて、今、何をしているの？　と聞かれた時などに「（今）英語を勉強しています」と言うことができます。

What do you do?
What are you doing?

　What do you do? は現在形なので「（習慣的に）あなたは何をしているの？」すなわち「普段、生活をしているとき習慣的に何をしているの？」というところから「仕事をしているなら何の仕事をしているの？」という意味になります。だからよく「お仕事は何ですか？」と意訳されて意味が載っているものが多いのです。相手が学生なら「学生です」と返答されることもありますね。
　What are you doing? は現在進行形なので「（たった今）あなたは何をしているの？」という意味になるので、What do you do? とは時制が違うので、聞いている意味も当然変わるのです。

　そして、現在形で be 動詞ではなく一般動詞を使う時、かつ主語が三人称単数の時は動詞に s を付けます。

I play tennis.（私はテニスをします）
He plays tennis.（彼はテニスをします）

　三人称単数とは、「私」でもなく、話しかけている「あなた」でもなく、第三者のこと、かつ複数ではなく単数のことを指します。

ポイント
▶ **現在形は「習慣」**
▶ **現在進行形は「たった今、していること」**

英語の語順通り、理解できるように読んでいきましょう。

I　　always　　go　　to the gym　　at this hour,
私　　いつも　　行く　　ジムに　　　　この時間帯は

but　　I'm working　　now.
でも　　働いている　　　今

MEMO

過去形・現在完了形

目標 次の文章を理解できるようになりましょう。

I came to Tokyo 10 years ago. I've lived in Tokyo since then.

　過去形は、過去の事実を述べており、かつ、"いつ"したのか過去の一点が明確なときに使われます。

　現在完了形（have ＋動詞の過去分詞）は「完了、結果、経験、継続」の意味があります。あくまで"現在"の時制なので、何かを完了した結果、"現在"どうなのか、"現在"も継続しているのか、やったことがあるのかないのか、"現在"の経験値のステータスを表すときに使われます。過去分詞は動詞の語尾にed を付けるもの、もしくは不規則動詞ならそれぞれ過去分詞を覚えましょう。

◆完了

I finished my homework 10 minutes ago.

　過去形　10分前に宿題が終わりました。

I have already finished my homework.

　現在完了形　宿題はすでに終わっています。

　イギリスの大学に留学しているときに、イギリス人の教授に「論文書き終わりました」というつもりで「I finished writing the essay.」と過去形で言ったら「When?」と聞き返されました。「過去形を使ったということはいつ終わったかハッキリしているから過去形を使ったんでしょ？」と言われ、「I have finished writing the essay.」と言い直したら「Correct!」と言ってもらえました。実際に気軽に話すときには厳密に拘らなくてもニュアンスは伝わると思いますが、細かいニュアンスまで拘るからこそ、その言語だけで意味が明確に伝わるのだなと思った体験でした。

◆結果

I lost my key yesterday.

> 過去形　　昨日、鍵をなくしました。(今、もっているかどうかは関係ない)

I have lost my key.

> 現在完了形　鍵をなくしました。(だから、今、鍵をもっていない)

◆経験

I went to France three years ago.

> 過去形　　3年前にフランスに行きました。

I have been to France.

> 現在完了形　フランスに行ったことがあります。

◆継続

I llved In Tokyo for three years.

> 過去形　　3年間東京に住んでいました。

I have lived in Tokyo for three years.

> 現在完了形　3年間ずっと東京に住んでいます。(今も住んでいる)

ポイント

▶ **過去形は「いつ」したのか過去の一点が明確**

▶ **現在完了形は「完了、結果、経験、継続」の意味があり、"現在"どうなのかを表す**

まとめ　英語の語順通り、理解できるように読んでいきましょう。

I	came	to Tokyo	10 years ago.
私	来た	東京に	10年前

	I've lived	in Tokyo	since then.
	ずっと住んでいる	東京に	そのとき以降

助動詞

目標 次の文章を理解できるようになりましょう。
He looks fine, but he must be tired.

　助動詞は名前の通り、動詞を助ける詞です。基本的に主語と動詞の間に入り、動詞に意味を加えます。助動詞の後には、動詞の原形がきます。また主語が三人称単数であっても、助動詞にsは付けません。助動詞は、それぞれの単語の意味を覚えていきましょう。

Example

He swims.　　彼は泳ぎます。

He can swim.　　彼は泳げます。

He cannot swim.　　彼は泳げません。

He must swim.　　彼は泳がなければなりません。

He doesn't have to swim.　　彼は泳がなくていいです。

助動詞によっては同じ単語で違う意味をもっていることもあります。

Example

He must finish his homework by tomorrow.
　　　　　　　　彼は明日までに宿題を終わらせないといけません。

He must be tired.　　彼は疲れているに違いない。

　そして同じニュアンスをもつ助動詞もありますが表現の強度（強く言うか
どうか）が違うものもあります。

Example

He is married.　彼は結婚しています。

He must be married.　彼は結婚しているに違いない。

He should be married.　彼は結婚しているはずです。

He might be married.　彼は結婚しているかもしれない。

 英語の語順通り、理解できるように読んでいきましょう。

He	looks	fine,	but	he	must	be tired.
彼	見える	元気に	でも	彼	違いない	疲れている

MEMO

否定文・疑問文

　ここで改めて否定文と疑問文の話をしておきましょう。

◆ be 動詞（現在形）

肯定文：He is kind. （彼は親切です）

否定文：He isn't kind. (He is not kind.) （彼は親切ではありません）

疑問文：Is he kind?　Yes, he is. / No, he isn't.

（彼は親切ですか？　はい / いいえ）

　be 動詞の否定文は be 動詞の直後に not をつけます。疑問文は be 動詞を主語の前にもってきます。

◆ be 動詞（過去形）

肯定文：I was there. （私はそこにいました）

否定文：I wasn't there. （私はそこにいませんでした）

疑問文：Were you there?　Yes, I was. / No, I wasn't.

（あなたはそこにいましたか？　はい / いいえ）

◆一般動詞（現在形）

肯定文：I play tennis. （私はテニスをします）

否定文：I don't play tennis. (I do not play tennis.)

（私はテニスをしません）

疑問文：Do you play tennis? Yes, I do. / No, I don't.

（あなたはテニスをしますか？　はい / いいえ）

　一般動詞の現在形の時は do という助動詞を使い、否定文の時は do に not をつけて一般動詞の前につけます。疑問文の時は do を主語の前にもってきます。

◆一般動詞（現在形、三人称単数が主語の時）

肯定文：He plays tennis. （彼はテニスをします）

否定文：He doesn't play tennis.（彼はテニスをしません）
疑問文：Does he play tennis? Yes, he does. / No, he doesn't.

（彼はテニスをしますか？　はい / いいえ）

　三人称単数現在形の時は do ではなく does を使います。そして動詞は原形になります。

◆一般動詞（過去形）
肯定文：He played tennis.（彼はテニスをしました）
否定文：He didn't play tennis.（彼はテニスをしませんでした）
疑問文：Did he play tennis? Yes, he did. / No, he didn't.

（彼はテニスをしましたか？　はい / いいえ）

　一般動詞の過去形の時は、三人称単数関係なく、全て did を使います。

◆助動詞
肯定文：I should go.（私は行かないといけません）
否定文：I shouldn't go.（私は行くべきじゃないです）
疑問文：Should I go? Yes, you should. / No, you shouldn't.

（私は行くべきですか？　はい / いいえ）

　助動詞が使われている時は、否定文は助動詞の後に not を付けます。疑問文の時は助動詞を主語の前に持ってきます。ちなみに現在完了形の have＋動詞の過去分詞の have も助動詞ですので、否定文の時は haven't（have not）、疑問文の時には have を主語の前に持ってきます。

受動態

The event was held the other day, and a lot of novelties were handed out.

be 動詞＋動詞の過去分詞の形で「〜される」という意味が出てきます。動作をする側が主語になるときは能動態、動作をされる側が主語になるときは受動態になります。

Example

能動態

He broke the door.　　彼はドアを壊しました。

受動態

The door was broken (by him).　そのドアは（彼によって）壊された。

by を用いて「〜によって」と行為者を表すことができますが、動詞によっては使う前置詞が変わります。これは一つひとつ覚えていきましょう。

The mountain is covered with snow.（その山は雪で覆われています）
He is known to everyone.（彼はみんなに知られています）

受動態は、行為の当事者が誰かわからないときや、当事者に焦点が当たっていないとき、能動態だと主語が長くなってしまうとき、2文以上ある文章で主語を統一したいときなどに使われます。

I was walking around in Shibuya, and a police officer talked to me.（渋谷を歩いていたら、警察官が話しかけてきました）

　これは２つの文、それぞれに「私」と「警察官」と違う主語が出てきていますが

I was walking around in Shibuya and was talked to by a police officer.（渋谷を歩いていたら警察官に話しかけられました）

　上記のように主語を統一して、主語に焦点を当て続けたいようなときに受動態という表現技法が使われることがあります。

 英語の語順通り、理解できるように読んでいきましょう。

The event　was held　the other day,
イベント　　行われた　　　先日

and　a lot of novelties　were handed out.
そして　たくさんのノベルティ　　配られた

MEMO

5W1H

What brought you here?

「5W1H」は「**when, where, why, who (whose) , what (which) , how**」の疑問詞のことを指します。疑問詞と呼ばれますが、それぞれに品詞があります。

who, what は名詞

when, where, why, how は副詞

の役割があります。what に関しては、「what time」や「what color」など形容詞の役割があることもあります。

5W1H は文の最初にあり、疑問文の形になりますが、主語がわからないときの 5W1H の文は、疑問文の形にはならず肯定文と同じ語順のままになります。

I went to Tokyo yesterday. （昨日、東京に行きました）

時を表す yesterday を聞きたい時は when を使って疑問文の形にします。

When did you go to Tokyo? （いつ東京に行きましたか？）

主語がわからない時は、今回は人がわからないので who を使って文を作ります。ただし、主語がわからない時は、肯定文と同じ語順のままです。

Who went to Tokyo yesterday? （誰が昨日、東京に行きましたか？）

副詞の how はそれだけで使うこともあれば、形容詞・副詞と結びついて、ひとかたまりの疑問詞として使うこともあります。

How　did you come here?　どうやってここまで来たのですか？
副詞

How　high　is it?　それはどのくらい高いんですか？
副詞　形容詞

How　often　do you go there?
副詞　副詞　　　　どのくらいの頻度でそこに行くんですか？

　副詞＋形容詞は、ひとかたまりで形容詞の役割を果たすので名詞に修飾もできます。

How　many　people　joined the event?
副詞　形容詞　名詞　　　どれだけの人がイベントに参加したんですか？

まとめ　**英語の語順通り、理解できるように読んでいきましょう。**

What　brought　you　here?
何が　もってきた　あなたを　ここに

▶ どうしてここに来たんですか？
これは「Why did you come here?」と言っても日本語でいうところの「どうしてここに来たのですか？」という表現にはなりますが、「何故？」と問い詰められているように聞こえることもあります。

不定詞

次の文章を理解できるようになりましょう。

I made a big decision to start a new business. It's always fun to try something new. I'll put all my effort to make a lot of people happy.

[to ＋動詞の原形] という形をとるものが to 不定詞と呼ばれます。to の後は動詞の原形が来るので、そのあとはその動詞によって第 1 ～ 5 文型の形をとります。

[to ＋動詞の原形] このひとかたまりが 3 つの品詞の役割を果たします。

名詞的用法	形容詞的用法	副詞的用法

上記の 3 つになります。～的用法という名称になると拒否反応が出る方は、とりあえず名詞、形容詞、副詞の役割があると覚えておきましょう。

◆ **"名詞" 的用法**

[to ＋動詞の原形] のひとかたまりが名詞の役割を果たすので S、O、C に当てはめることができます。「～すること」と訳すとわかりやすいです。

Example

S（主語）に来るパターン

[To read English]　is　fun.　英語を読むことは楽しいです。
　　　S　　　　　　V　　C

ただ、あまり主語のところにそのまま to 不定詞が来ることは少なく

It　is　fun　[to read English].

(S)　V　C　　　　　S

　と仮に主語のところに it を置く、仮主語の it を使い、to 不定詞のひとかたまりを文の後にもってくることが一般的です。

C（補語）に来るパターン

My plan　is　[to study abroad].　私のプランは留学をすることです。

　　S　　　V　　　　　C

O（目的語）に来るパターン

I　want　[to go there].　（そこに行くことを欲する＝）そこに行きたいです。

S　V　　　　O

◆ **"形容詞" 的用法**

　[to＋動詞の原形] のひとかたまりが形容詞の役割を果たし、名詞を後ろから修飾する役割があります。「～するための、～すべき、～するという」というニュアンスがあります。

I have no time [to eat lunch].

ランチを食べる（ための）時間がありません。

　後ろから to 不定詞のひとかたまりが time を修飾します。

There are many opportunities [to try that].

それを試す機会がたくさんあります。

I have a lot of things [to do].

私はしないといけないことがたくさんあります。

　ただ実際に英語を読むときだけに限らず聞いたり話したりするときも、そのままの語順で前から意味を理解するようにしていきましょう。

　I have no time to eat lunch. も、私は時間がなかったんです、ランチを食べるための。というように、最初は慣れないかもしれませんが、読んだり聞いたりした語順で理解していきましょう。リーディングはまだ時間をかけて読み返すことができるかもしれませんが、リスニングの場合だと、音声は前に戻ることができないので英文を後から訳していくことに慣れてしまうと聞き取りも難しくなってしまいます。

◆ **"副詞" 的用法**

　[to＋動詞の原形] のひとかたまりが副詞の役割を果たします。何種類か表すものがあるので、具体的な例文を見て把握していきましょう。

目的　〜ために

I got up early [to catch the first train].

始発電車に乗るために早く起きました。

　目的の意味を明確にするために to の直前に in order や so as が付けられることもあります。

I got up early in order to catch the first train.

I got up early so as to catch the first train.

　また否定の時は to の前に not や never を付けます。

I got up early not to be late. (遅れないように早く起きました)

I got up early never to be late.　※never は not より強い否定

Example

感情の原因　〜して

I'm glad [to see you].　あなたに会えて嬉しいです。

判断の根拠　〜して

I was a fool [to believe the information].

その情報を信じるなんて、私は愚かでした。

結果　〜して、その結果…だ

My grandfather lived to be ninety years old.

（祖父は生きて、その結果 90 歳まで生きた）▶ 祖父は 90 歳まで生きました。

まとめ　**英語の語順通り、理解できるように読んでいきましょう。**

I	made	a big decision	to start	a new business.
私	した	大きな決断	始めるという	新しいビジネス

It's	always	fun	to try	something	new.
	いつも	楽しい	チャレンジすること	何か	新しい

I'll	put	all my effort	to make	a lot of people	happy.
私	注ぐ	全力	するために	たくさんの人	幸せ

動名詞

次の文章を理解できるようになりましょう。
I enjoyed talking with you last week. I'm looking forward to seeing you again.

　動名詞は動詞に ing を付けて、動詞を名詞化して名詞の役割をもたせた用法です。「〜こと」という意味があり、前述の to 不定詞の名詞的用法も同じく動詞を名詞化させます。

動名詞と to 不定詞の名詞的用法の違い①
　動名詞のひとかたまりがS、O、C、[前置詞＋名詞] の名詞のところに当てはまりますが、不定詞の名詞的用法のひとかたまりはS、O、Cのところだけに当てはまり、前置詞のあとの名詞のところにもってくることはできせん。

○ **How about [going out tonight]?** （今夜、出かけるのはどう？）
× **How about [to go out tonight]?**

動名詞と to 不定詞の名詞的用法の違い②
　動名詞は " 過去 " について話すときに使い、不定詞は " 未来 " について話す時に使うパターンもあります。

動名詞

I often forget taking medicine.　　よく薬を飲んだことを忘れます。
（すでに飲んだ）

不定詞

Don't forget to take medicine.　薬を飲むこと、忘れないでね。

（まだ飲んでいない、これから飲む）

動名詞と to 不定詞の名詞的用法の違い③

　O（目的語）に「～こと」という意味で動名詞もしくは不定詞をもってくるときに、動詞によっては動名詞しか使えないものもあります。

I'll never give up learning English.（英語を学ぶことは諦めません！）

　これを間違って

　I'll never give up to learn English. にしてしまうと [to learn English] が「英語を学ぶこと」という意味にはならず副詞的用法の「英語を学ぶために」という解釈になり、「英語を学ぶために何かを諦めません」という文になってしまいます。

　mind, enjoy, finish, put off, stop など他にも動詞はありますが、この動詞の後に「～こと」という動詞を名詞化したものをもってくるときには、必ず動名詞を用いましょう。

　ちなみに目的語に不定詞しか使えない時は、基本的に先述の未来の概念があるときなどが当てはまります。

Example

I've decided to go to France.　フランスに行くことを決めました。

（まだ行っていない、これから行く）

I want to go to the concert.　そのコンサートに行きたいです。

（まだ行っていない、これからコンサートに行く）

---

hope, need, plan などは、「〜こと」という動詞を名詞化したものを目的語に持ってくるときは不定詞を用いましょう。

　特殊なパターンで need や want は、目的語に動名詞を持ってくることで受動態の意味になります。

The car needs to be repaired.（その車は修理される必要があります）

= The car needs repairing.

　need の後に動名詞がくることで「修理されること」という受動態の意味になっています。

まとめ　英語の語順通り、理解できるように読んでいきましょう。

I	enjoyed	talking	with you	last week.
私	楽しんだ	話すこと	あなたと	先週

I'm	looking forward to	seeing	you	again.
私	楽しみにしている	会えること	あなた	また

MEMO

分詞

目標 次の文章を理解できるようになりましょう。
Look at the man standing by the store. He is a doctor known to everyone in this city.

　分詞は動詞に「ing」を付けた現在分詞、動詞に「ed」を付けた過去分詞があります。不規則動詞に関しては、過去分詞はそれぞれ覚えましょう。

　分詞は進行形、完了形、受動態のときに使うほか、動詞を形容詞化して名詞を修飾する役割もあります。

　そして現在分詞と過去分詞の使い分けは、進行形・能動態の概念があるときに現在分詞、完了形・受動態の概念があるときに過去分詞を使っていきます。

◆ 進行形

Example

Look at the man [taking a nap on the bench].

ベンチで昼寝をしている男の人を見て。

後ろから分詞のひとかたまりが man を修飾します。

◆ 完了形

Example

I repaired the crashed car.　　その故障した車を修理しました。

分詞が 1 語の時は前から名詞を修飾します。

I repaired the car [crashed into the pole].

柱に衝突した車を修理しました。

分詞が２語以上のひとかたまりになっている時は後ろから前の名詞を修飾します。

◆能動態

What an exciting game!　なんて興奮する試合なんだ！

excite は「興奮させる」という意味で A game excites people. と「試合は人々を興奮させる」という能動態の文が成り立ちます。主語の A game と excite の関係性が能動態なので現在分詞を使って an exciting game（興奮する試合）と修飾することができます。

◆受動態

I saw many excited people.　たくさんの興奮している人を見た。

上記の A game excites people. という文から people を主語にすると People are excited by a game. と受動態の文が成り立ちます。主語の People と excite の関係性が受動態なので、受動態でも使っている過去分詞をそのまま people に修飾して excited people（興奮している人々）とすることができます。

まとめ 英語の語順通り、理解できるように読んでいきましょう。

Look at 　the man 　standing 　by the store.
見て 　　　男の人 　　　立っている 　　店の側に

He 　is 　a doctor 　known 　to everyone 　in this city.
彼 　　　医者 　　　知られている 　みんなに 　　　この街で

MEMO

副詞節・分詞構文

目標 次の文章を理解できるようになりましょう。
When I was a student, I always studied while playing video games. If I hadn't done such a thing, I could have passed the examinations of better colleges.

そもそも"節"とは、SV（主語・述語）の構造が含まれているものを指します。ちなみに"句"は2語以上のまとまりでSV（主語・述語）を含まないものを指しており、不定詞や2語以上で構成される動名詞や分詞、前置詞＋名詞なども"句"になります。SV1〜5の文の最初に接続詞を付けると、

[接続詞SV1〜5]

このひとかたまりが接続詞や使い方次第で副詞・名詞・形容詞の役割を果たします。

文のメインとなるSV1〜5のまとまりを"主節"というのに対し、接続詞の付いたひとかたまりの節を"従属節"とも呼びます。ここでは副詞節のひとかたまりを作る接続詞を例文と共にいくつか紹介します。

Example

I traveled abroad a lot [when I was a college student].

大学生の時、たくさん海外旅行をしました。

I didn't go out yesterday [because I was sick].

体調が悪かったので昨日は出かけませんでした。

副詞節を先にもってくるときは、副詞節の後にコンマを打ちます。

[When I was a college student], I traveled abroad a lot.

　また"時と条件の副詞節内は未来のことも現在形で表す"というルールがあります。

I will go out [if it's fine tomorrow]. （もし明日晴れなら、私は出かけます）

　条件の if を使っているので、副詞節内は明日という未来のことにも関わらず現在形で表現しますが、主節である I will go out はそのまま未来形で表現します。

　同じ if でも仮定法の if は使い方が変わります。
　仮定法とは事実に反することについて述べる時に使われます。そして時制が1つ古くなります。

Example

I would travel to Europe [if I had a lot of money like you].

（今）もしあなたのようにお金がたくさんあったら、ヨーロッパに行くだろうなぁ。

　実際にお金をもっていないけど、もしもっていたらという事実に反することについて述べているので、have が had、will が would と時制が1つ古くなりました。

Example

I would have been in trouble [if you hadn't helped me].

（あの時）もしあなたが手伝ってくれていなかったら、私は困っていたでしょう。

　実際に過去に手伝ってくれたけど、もし手伝ってくれていなかったらという事実に反することについて述べているので didn't help が hadn't helped、would be が would have been と時制が1つ古くなります。

副詞節は分詞構文という分詞を使った表現で言い換えられることもあります。特に"時"、"理由"、"結果"を表すものが多いです。

Example

副詞節

When he looked at my eyes, he stopped talking.

私と目が合って、彼は話すことをやめました。

分詞構文

Looking at my eyes, he stopped talking.

　分詞構文では、まず接続詞が省略されます。そして副詞節内の主語と主節の主語が同じ場合に副詞節内の主語を省略できます。そして次に来る動詞を現在分詞〜ing に変えます。ちなみに否定の時には分詞の直前に not や never を付けます。

Example

Not being busy, he went out himself.

忙しくなかったので、彼は一人で出かけました。

　また接続詞の意味を明確にしたい場合は接続詞を残すことがあります。

Example

When seeing me, he ran away.　私を見たとき、彼は逃げました。

まとめ 英語の語順通り、理解できるように読んでいきましょう。

When　I　was　a high school student,
時　　私　だった　　　　高校生

I　always　studied　while playing the video game.
　いつも　勉強していた　　テレビゲームをしながら

If　I　hadn't done　such a thing,　I　could have
もし　　しなかったら　　そんなこと　　　　できたんだろう

passed　the examinations　of better colleges.
合格　　　　試験　　　　　もっと良い大学

MEMO

名詞節

名詞節は文を名詞化する時に使われます。that 節と 5W1H 節があるので、まずは that 節から説明していきます。

◆ that 節

SV1〜5 の文の最初に that を付けることで文を名詞化することができます。名詞の役割があるので、that のひとかたまりが S、O、C に当てはめることができます。that 節は基本的に前置詞の後にもってくることができません。in that, except that など例外はあります。

文

He was late for the meeting.（彼はミーティングに遅れました）

上記の文の最初に that を付けることで名詞化することができます。

名詞節

[that he was late for the meeting]（彼がミーティングに遅れたということ）

[that he was late for the meeting] の名詞のひとかたまりを S、O、C に当てはめることができます。

S（主語）に来るパターン

[That he was late for the meeting] is a pity.
　　　　　　　　　　　　　　　　　　　　　S　　　　　　　　　　　　V　　C

　　　　　　　　　　　　　　（彼がミーティングに遅れたことは残念です）

　ただ、あまり主語のところにそのまま that 節が来ることは少なく

It's a pity [that he was late for the meeting].
(S) V　　C　　　　　　　　　　　　　　S

　と仮に主語のところに it を置く、仮主語の it を使い、that 節のひとかたまりを文の後にもってくることが一般的です。

C（補語）に来るパターン

The problem is [that he was late for the meeting].
　　　S　　　　　V　　　　　　　　　　C

　　　　　　　　　　　　　　（問題は彼がミーティングに遅れたことです）

O（目的語）に来るパターン

Everyone knows [that he was late for the meeting].
　　　S　　　　V　　　　　　　　　　O

　　　　　　　　　　　　　　（みんな彼がミーティングに遅れたことを知っていますよ）

　第１〜５文型から考えると少し特殊なパターンになりますが、どうしてそのような感情になっているのか形容詞の説明をするときや、形容詞＋［前置詞＋名詞］の形を取るもので［前置詞＋名詞］の部分を名詞節に置き換えられるものがあり、形容詞の後に名詞節が直接付くことがあります。

I'm glad [that you can join our team].
SV　　C

　　　　　　　　　　　　　　（あなたが私たちのチームに参加できて嬉しいです）

I'm sure of his success.（彼は成功すると私は確信しています）

❍ I'm sure that he will succeed.

　また名詞節は前の抽象的な名詞を後ろから説明する同格という使い方もあります。

The news [that the actor got married] surprised his fans.

その俳優が結婚したというニュースはファンを驚かせました。

the news の内容を [that the actor got married] が説明しています。

◆ **5W1H 節（疑問詞節）**

　5W1H の名詞節は、疑問文の 5W1H を名詞化したものです。5W1H 以外にも「〜かどうか」という意味をもつ if / whether も含みます。5W1H の名詞節の作り方は、5W1H の疑問文の疑問詞以下を肯定文と同じ語順にするだけです。

疑問文　Where is she from?（彼女はどこの出身ですか？）

名詞節　[where she is from]（彼女がどこの出身か）

疑問文　What time will you arrive in Tokyo?

（何時に東京に到着しますか？）

名詞節　[what time you will arrive in Tokyo]

（何時に東京に到着するのか）

疑問文　How many people will join the event?

（何名そのイベントに参加しますか？）

名詞節　[how many people will join the event]

（何名そのイベントに参加するのか）

　主語がわからない時の疑問文は元々肯定文と同じ語順なので、名詞節になっても形は変わりません。

　この5W1Hの名詞節が大きな名詞のひとかたまりとなりS、O、C、前置詞の後に当てはめることができます。

　5W1H以外にも「〜かどうか」という意味をもつ接続詞の if, whether もありますが、if は仮主語の it を使うとき、目的語に当てはめるときだけしか使えません。whether は S、O、C、前置詞の後にもってくることができます。

S（主語）に来るパターン

It doesn't matter [whether he will come (or not)].
(S) 　　　V　　　　　　　　　　　　　S

　　　　　　　　　　　　（彼が来るかどうかは問題ではありません）

C（補語）に来るパターン

The problem is [how many people will join the event].
　　S　　　　　V　　　　　　　　　　C

　　　　　　　　　（問題は何名そのイベントに参加するかです）

O（目的語）に来るパターン

I don't know [where she is from]. （彼女がどこの出身なのか知りません）
S　　V　　　　　　　O

前置詞の後に来るパターン

We are talking about [what time you will arrive in Tokyo].
　S　　　V　　　　　　　　　　[前置詞＋名詞]

　　　　　（私たちは何時にあなたが東京に到着するかについて話をしています）

　5W1Hの名詞節は、疑問文の5W1Hを正しく理解していないと使いこなせません。もしここでの解説がわからなかったら、もう1度5W1Hの疑問文に戻って見直してみましょう。

5W1H 名詞節 / 5W1H+to 不定詞

　[5W1H S should 動詞の原形] のように 5W1H の名詞節に should の概念が入ると [5W1H to 動詞の原形] の形で表現されることもあります。

I don't know what I should do.
I don't know what to do.

（何をすべきかわかりません）

I need some time to think about which plan I should choose.
I need some time to think about which plan to choose.

（どのプランを選ぶか考える時間が必要です）

まとめ 英語の語順通り、理解できるように読んでいきましょう。

I	don't know	what	he'll do,	but	I'm sure
私	知らない	何を	彼がするか	でも	確信している

that	he'll	do	something special	for everyone.
	彼	する	何か特別な	みんなのために

形容詞節

目標 次の文章を理解できるようになりましょう。

He has two sons, who live abroad. One lives in the UK and works for a famous hotel that got five stars three years ago. The other goes to college in France and wants to make good use of what he learns.

　形容詞節は［接続詞 SV1 〜 5］のひとかたまりが後ろから名詞を説明するものです。関係詞と呼ばれるものが基本的に形容詞節になります。代表的な関係詞とその派生の形を紹介していきます。

◆関係代名詞 who, whom, which, whose, what, that

○ who, whom

Example

I have a friend [who lives in the UK].

イギリスに住んでいる友達が１人います。

　I have a friend. He lives in the UK. という２つの文があり、a friend が２つ目の文で主語のところで同じ人を指す単語 he として出ているので、その he をそのまま who に変えて a friend の後ろに付けることで、１文で表現することができます。

　ただ実際に英語を読むときは、不定詞の形容詞的用法のときにも述べましたが、語順通り前から意味を理解していく習慣をつけていきましょう。

先程の文も、「友達がいるの、イギリスに住んでいるね」という語順で前から理解していくようにしましょう。

Today, I met a man [(who) you talked about 3 days ago].

3日前にあなたが話していた男性と今日会いましたよ。

Today, I met a man. You talked about him 3 days ago. という 2 つの文があり、a man が 2 つ目の文で目的語のところで him として出ているので、him を who に変えます。目的語のところに人を表す単語が出てきている場合、本来なら文法的には who ではなく whom が正しいですが、実際に whom は使われておらず、who が使われることが多いです。関係代名詞はその文の先頭にもってきて初めて名詞に付けることができます。ただ目的語の役割を果たす関係代名詞は省略することもできます。

そして who 代わりに that が使われることがありますが、細かいニュアンスの違いに関しては、本書では書ききれないので、また機会があれば解説していきたいと思います。

◎ **which, that**

I've heard the news [that might surprise you].

あなたを驚かせるかもしれないニュースを聞きました。

I've lost the watch [(that) I bought in Germany].

ドイツで買った時計を失くしました。

先ほどまで who を使っていましたが、修飾される名詞が人以外のときは、

関係代名詞は which もしくは that が使われます。主語の役割があるときも、目的語の役割があるときも which もしくは that が使われます。ただ実際、which はあまり使われず、that の方が一般的に使われます。which は後述の非制限用法のとき、前置詞＋関係代名詞のときに使われます。

○ whose

Example

I know the man [whose name is known to all the world].

世界中に名を知られている男性を知っています。

I know the man. His name is known to all the world. という２つの文があり、the man が２つ目の文で所有格である his として出てきているので、his を whose に変えて the man を後ろから修飾しています。

○ what

the thing(s) which / something which を１つの単語 what で表現することができます。

Example

Tell me [what you want]. あなたが欲しいものを教えて。

I don't understand [what you are saying].

あなたが言っていることが理解できません。

◆関係代名詞　非制限用法

　関係代名詞の直前に「，（コンマ）」が付く関係代名詞の使い方を非制限用法と呼び、コンマがあるかないかで文の意味が変わってきます。

He has an uncle [who lives in Tokyo].

（彼には東京に住んでいるおじさんがいます）

※このおじさん以外にも別のおじさんがいる可能性があります。

He has an uncle, [who lives in Tokyo].

（彼にはおじさんが１人いて、そのおじさんは東京に住んでいます）

※おじさんはこの１人しかいないことになります。

　関係代名詞の前にコンマが打たれることで、関係代名詞の節の部分以外で話が完結していて、コンマ＋関係代名詞で補足的に説明がされています。そして、この非制限用法がコンマ＋which の場合、指すものが直前の名詞だけでなく、前の文の一部分や前の文全部を指すこともあります。

Example

He told me that he went to his friend's place, [which was a lie].

彼は私に友達のところに行ったと言ったけど、それは全くの嘘でした。

which は that he went to his friend's place という文の一部分を指しています。

Example

They finally got married, [which surprised their parents].

彼らはついに結婚をしたんだけど、それは彼らの両親を驚かせました。

which は They finally got married という文全部を指しています。

ただしコンマ＋that という形はないので気をつけましょう。

◆ 前置詞＋関係代名詞

前置詞の後に来る名詞が関係代名詞に変わって文章が 1 文になったときは、前置詞が関係代名詞の直前に来ることもあります。

説明される名詞が人の場合

That is a man. I talked with him yesterday.
That is a man (who) I talked with yesterday.
That is a man with whom I talked yesterday.
（あちらは私が昨日話をした男性です）

というように with who という形が使えないので、この時は who が whom という形になるので注意しましょう。

説明される名詞が人以外の場合

This is the town. I was born in the town.
This is the town (which/that) I was born in.
This is the town in which I was born.
（ここは私が生まれた街です）

前置詞が関係代名詞の前に出たときは、関係代名詞を省略することはできません。この前置詞＋関係代名詞の形はフォーマルな場面でよく使われます。前置詞が前に出てくる時は、that は使えません。

そして、こちらの文の場合、修飾される名詞が場所を表す単語なので、関係副詞の where を使うことができます。前置詞＋関係代名詞が M の役割を果たすので、同じ M の役割がある関係副詞に置き換えられていると考えていいでしょう。

This is the town where I was born.

◆関係副詞

関係副詞は2つの文を繋ぎ、関係副詞の前にある名詞を修飾します。前の名詞の種類によって when, where, why と使い分けをします。

名詞	関係副詞
時	when
場所	where
理由 (the reason)	why
※方法 (the way)	how

This perfume reminds me of the time [when I met her for the first time].

（この香水は初めて彼女に会った時のことを思い出させてくれます）

This is the department store [where my brother works].

（こちらは兄が働いているデパートです）

Tell me the reason why you did it.　（あなたがそれをした理由を教えて）

※ the way と how は両方とも一緒に使うことができません。必ずどちらか省略しましょう。

This is how I learned English. / This is the way I learned English.

（これは私が英語を学んだ方法です）

まとめ 英語の語順通り、理解できるように読んでいきましょう。

He	has	two sons,	who	live	abroad.
彼	いる	2人息子	その息子たち	住んでいる	海外に

One	lives	in the UK	and	works
1人	住んでいる	イギリスに	そして	働いている

for a famous hotel	that	got	five stars
有名なホテルで	そのホテルは	得た	5スター

three years ago.
3年前に

The other	goes	to college	in France	and
もう1人	行っている	大学に	フランスの	そして

wants	to make good use of	what	he	learns.
したがっている	活用する	こと	彼が	学んでいる

比較

目標 次の文章を理解できるようになりましょう。

She is one of the best singers in Japan. Her vocals have become much better in the last year.

　比較は、何が何とどんな点（形容詞・副詞）で比較されているのかを意識しながら読み進めていきましょう。

同級比較：A＋V＋as 原級 as B 「A は B と同じだけ〜」
比較級　：A＋V 比較級 than B 「A は B より〜」
最上級　：A＋V（the）最上級 in/of B 「A は B の中で最も〜」

　原級・比較級・最上級のところには形容詞もしくは副詞がきます。
　基本的には比較級は er か more を、最上級は est か most を付けます。

原級	比較級	最上級
hot	hotter	hottest
few	fewer	fewest
happy	happier	happiest
careful	more careful	most careful
interesting	more interesting	most interesting

不規則変化する単語もあります。

原級	比較級	最上級
many/much	more	most
good/well	better	best
bad/ill	worse	worst
little	less	least
late ※（時間）遅い	later	latest
late ※（順番）遅い	latter	last

※２つの意味を持つ単語は、規則変化と不規則変化をするものがあります。

◆ 同級比較

　as 形容詞 / 副詞の原級 as という形を取り、最初の as は副詞で「同じくら
い」２つ目の as は同級比較の時に使う接続詞で「〜と比べて」という意味が
あります。

She walks as fast as I [me]. （彼女は私と同じぐらい速く歩きます）

He isn't as strong as he looks. （彼は見た目ほど強くないよ）

　倍数・分数を表現するときは最初の as の前に倍数（回数）・分数を置きます。
　分数は分子（数字）、分母（序数）で表現します。

She earns about twice as much as her husband.

（彼女は旦那さんの倍ほど稼いでいます）

I earn two thirds as much as I did 10 years ago.

（今の収入は 10 年前の３分の２です）

◆比較級

　形容詞 / 副詞の比較級＋than という形を取り、than は比較級の時に使う接続詞で「〜と比べて」という意味があります。

She is more beautiful than her mother.

(彼女はお母さんよりも美しいです)

He passed here 5 minutes earlier than she [her].

(彼は彼女より5分早くここを通り過ぎました)

This is more difficult than I thought.

(これは私が思っていたより難しいです)

I couldn't be happier.　(〔これ以上幸せになれない＝〕この上なく幸せです！)

He is less strong than he looks.(彼は見た目ほど強くないよ)
= He isn't as strong as he looks.

◆最上級

　形容詞 / 副詞の最上級＋of / in 名詞という形を取り、比べる対象が同じもののときは of、同じではないときは in を使います。

She is the oldest of the three.(彼女は3人の中で一番年上です)
同じ「人」を比べている
She is the oldest in this town.(彼女はこの街で一番歳をとっています)
彼女という「人」と「街」を比べている

　「今まで〜した中で」と文が来る場合は of や in ではなく that 節をもってきます。
You are the most beautiful lady (that) I have ever met.

(あなたは今まで出会った中で一番美しい女性です)

◆その他

I'm as well as ever.（相変わらず元気です）

　as ~ as ever で「相変わらず~」

The sooner (it is), the better (it is).（早ければ早いほどいいです）

　など the 比較級 SV ~, the 比較級 SV… という形で「~すればするほど、ますます…だ」という構文があります。

It will cost at least 10,000 yen.（それは少なくとも1万円するでしょう）

　at least で「少なくとも」

　など様々な表現が比較にはあります。特殊なものは構文やイディオムとして覚えていきましょう。

まとめ　英語の語順通り、理解できるように読んでいきましょう。

She　is　one of　the best singers　in Japan.

彼女　　1人　　最も素晴らしい歌手　　日本で

Her vocals　have become　much better

歌唱力　　　　なった　　　　かなり良い

in the last year.

ここ1年で

BTW

II

> 　僕は日本語も英語も語彙力が少ない方だと自分では思っています。
>
> 　でも、文法は得意でした。だから簡単な単語と文法を使って、わからない単語があっても、自分の力で説明してコミュニケーションを取ってきました。
>
> 　リーディングのとき、語彙力がないので実は大変な時もあります（笑）。でも、そのときに英語にはとっておきの手があるのです。それは、形態素（morpheme）という「意味を持つ最小の言語単位」を知っていれば、初見の単語が出てきても単語の意味を予想することができるという方法です。
>
> 　形態素という言葉は難しいので一度忘れてくださいね。
>
> 　簡単な例を出しましょう。
>
> 　nation（名詞：国家）という単語があったとします。名詞には「-al」という接尾辞を付けられるものがあり、付けると national（形容詞：国家の）と、nation を形容詞にすることができます。
>
> 　さらに、「inter-（〜の間、相互の）」という意味のある接頭辞をつけると international（形容詞：国家間の、国際的な）という単語になります。そして名詞や形容詞に付けることができる「-ize（その状態にする、〜化する）」という接尾辞を付けると、internationalize（動詞：国際化する）という動詞に変えることができます。
>
> 　このように基本となる単語、接頭辞、接尾辞を覚えておくと、初見の単語が出てきても単語の意味を予想することができるようになってきます。ぜひ覚えてみてください。

　　　　　※ BTW とは by the way「ところで」という意味の略語です。

第3章
実践
スラッシュリーディング

第3章では、いよいよ文章を読むことに
トライしてみましょう。
文章を読むためのコツをお伝えしてから、
短い文章から、目標の長い文章まで読んでいきましょう。
最終的に自力で英文を読めるようになったら、
英語を読むことが楽しくなってくるはずです。
最初は大変かもしれませんが、
一緒に乗り越えましょう！

スラッシュリーティングについて

　ここまで文法の解説をしてきました。みなさんお疲れ様です。

　「文法を理解して、あとは単語がわかれば、英文は読めます!!」と言いたいところですが、英語にたくさん触れて慣れるまでは、なかなかスラスラとは読めないものです。英語と日本語では文の作りが全く違います。実際に日本語らしい文に英文を訳していこうとしたときには、英文の後から訳していくと、より日本語らしい表現になっていきます。しかし、後から読んでいくとかなり時間がかかります。読んだり聞いたりする際は、英文の語順通り、前から理解していく必要があります。

　きれいな和訳をしようとすると、以下の順番になります。

I didn't think I could be friendly with him when I met him
❶　　❻　　　　　　❺　　　　　　❹　　　　　❸

for the first time.
❷

　私は初めて彼と会った時、彼とは仲良くなれないと思ったよ。

　でも、英語は前から意味を理解していきます。

I didn't think I could be friendly with him when I met him
私は 思わなかった　　仲良くなれると　　　彼と　　　彼に会った時
❶　　❷　　　　　　❸　　　　　　❹　　　　❺

for the first time.
　　初めて
　　❻

　きれいな和訳ではないと最初は違和感を覚えるかもしれませんが、英語を英語の語順のまま理解できるようになると、英語脳に近づいていき、時間のロスもなくなります。時間がかかってしまうと、モチベーションも下がってしまいますよね。

　そこでリーディングをする上でとても役に立つのが「スラッシュリーディ

ング」です。スラッシュリーディングは、英文を頭から理解できるように、意味の切れ目で区切ってスラッシュ（／）を打ちながら読んでいく方法です。必ずしも今から説明する通りでなくても構いません。リーディング慣れるまでは細かく区切っていきましょう。慣れてくるとそこまで区切らなくても意味を理解できるようになってきます。

　では実際にスラッシュリーディングをするにあたり、区切る箇所がどこかを説明します。

1：前置詞、副詞の前
2：不定詞、動名詞、分詞の前
3：節（接続詞）の前
4：コンマ、コロン、セミコロンの後
5：長い主語の後

◆ 1：前置詞、副詞の前

　まずは前置詞や副詞の前で区切っていきましょう。そうすることで、その文の基礎となる第1～5文型のどの型で成り立っているのかがわかり、文章が読みやすくなります。

Example

I visited Kyoto ／ with some colleagues ／
S　　V　　　O　　　　　　　M［前置詞＋名詞］
京都を訪れました　　　　　　数人の同僚と

the day before yesterday.
　　　　M（副詞）
　　　一昨日

区切ることで逆に読みづらくなると感じる場合は、たくさん区切らなくて大丈夫です。

◆2：不定詞、動名詞、分詞の前

　基本的に文の中でメインとなる動詞は1つだけですが、不定詞、動名詞、分詞、接続詞を使うことで、動詞が2つ以上現れます。メインの動詞がどれなのかをしっかりと理解するためにも、不定詞、動名詞、分詞の前ではスラッシュを入れましょう。

I got up early ／ to attend the meeting ／ yesterday.
早起きをしました　　ミーティングに参加するために　　昨日

There are ／ a lot of opportunities ／
あります　　たくさんの機会が

to study English here.
ここでは英語を勉強するための

　個人的には、［There is/are 名詞］の文の時は be 動詞の後で一度スラッ

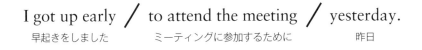

シュを入れるようにしています。
　There is/are を見たり聞いたりした瞬間に、何があるのだろうと思いながら次の単語を読んだり聞いたりしています。

He'll never give up ／ studying abroad ／ in a year.
彼は決してあきらめない　　留学すること　　一年以内に

Look at the man　/　taking a nap　/　on the bench.
男の人を見て　　　　　昼寝をしている　　　　　ベンチで

◆3：節（接続詞）の前

　文の一番前に接続詞を用いると副詞、名詞、形容詞の役割をもつ節。この節が文章を長くします。接続詞の直前でスラッシュを入れることで、格段に読みやすくなります。

Example

I will take my son　/　to the park　/
私は息子を連れていく　　　　　公園へ

if it is fine tomorrow.
もし明日晴れなら

I think　/　that she likes her uncle　/　who lives in Spain.
私は思います　　　彼女は叔父さんが好き　　　　スペインに住んでいる

I'm not sure　/　who will be transferred　/
わからないです　　　　　誰が転任するか

to the new branch.
新しい支店へ

◆ 4：コンマ、コロン、セミコロンの後

文節と文節の区切りや接続詞の後に使う「,（コンマ）」
イコールの役割や引用文の前の置く「:（コロン）」
接続詞の代わりに用いられる「;（セミコロン）」
などの後にもスラッシュを打つと読みやすくなります。

Example

Hurry up, / or you'll be late.
急ぎなさい さもなければ遅れますよ

I like many different types of music: /
色んな種類の音楽が好きです

classical, jazz, and rock.
クラシック、ジャズ、ロック

She decided / to be a singer; /
彼女は決めた 歌手になると

now she is one of the best singers / in the world.
そして 今 彼女はトップシンガーです 世界で

◆ 5：長い主語の後

主語が長いときは一度、主語のひとかたまりの直後でスラッシュを入れると読みやすくなります。読解をするときの個人的な癖としては、長い主語の直後にスラッシュを入れて、メインの動詞の下に V と書いて、よりわかりやすくします。

The man, / taking a nap on that bench, /

S

男の人　　　　　　　　　　　あのベンチで昼寝をしている

sleeps on another bench / at night.

V

他のベンチで寝ています　　　　　夜は

　何度もスラッシュリーディングをしているうちに、少しずつ意味のひとかたまりを見て意味を瞬時に理解できるようになってきて、英語の順番通りに理解ができるようになってきます。上記のスラッシュリーディングのやり方はあくまでよくあるパターンですので、自分なりのやりやすい方法でスラッシュリーディングをしていきましょう。

短文にトライ！

次は、スラッシュリーディングの実践をしていきましょう。

次の文章を見た時に、皆さんだったらどこにスラッシュを入れますか？

I get up early every Tuesday to attend a meeting for business owners, which starts at 6:30am. Fifty members belong to the community. About 5 visitors join the meeting on average, and we welcome them with warm hospitality. The members and visitors have some time to give a presentation about their business. I always think of what presentations to give and practice the presentation the day before the meeting.

次のようにスラッシュを入れてみます。

I get up early / every Tuesday / to attend a meeting / for business owners, / which starts at 6:30am. / Fifty members belong / to the community. / About 5 visitors join the meeting / on average, /and we welcome them / with warm hospitality. / The members and visitors have some time / to give a presentation / about their business. / I always think of / what presentations to give / and practice the presentation / the day before the meeting.

また、先にある程度単語の意味を英単語の下に記載しました。

I get up early / every Tuesday / to attend a meeting /
私 起きる 早く　　　毎週火曜日　　　　ために 参加する ミーティング

for business owners,
ための　　　　事業主

/ which starts at 6:30am.
それは　始まる　に　6:30am

/ Fifty members belong / to the community.
メンバー　所属している　　　に そのコミュニティ

/ About 5 visitors join the meeting / on average,
約　　　ビジター　参加する そのミーティング　　　平均して

/ and we welcome them / with warm hospitality.
そして 私たち 迎える　　彼らを　　　で あたたかい おもてなし

/ The members and visitors have some time
もっている ある程度 時間

/ to give a presentation / about their business.
ための する　プレゼンテーション　について 彼らの　ビジネス

/ I always think of / what presentations to give
いつも　考える について　何の　プレゼンテーション　する

/ and practice the presentation / the day before the meeting.
　　練習する　　　　　　　　　　　　日　　前の

先に文法を理解していきながら精読していきましょう。

I get up early / every Tuesday / [to attend a meeting /
S V M　　　M　　　　　　　　M　　　　　　　　　　　　M
私　起きる　早く　　　毎週火曜日　　　ために 参加する ミーティング

for business owners],
　　ための 事業主

　こちらの文は長いですが、文型としては第1文型のSVだけで成り立っていて、他は［前置詞＋名詞］や副詞の修飾語のMがたくさん付いている文なのです。get up で「起きる」という意味になるので I get up carly で「私は早く起きます」になります。さらに副詞の every Tuesday が続いているので「私は毎週火曜日、早く起きます」と訳せます。

　その次の「to」ですが、to を見たら"前置詞"の to なのか"to 不定詞"の to なのかを、まず見極めましょう。前置詞の場合、その後に名詞が来るはずですが、今回は to の後に動詞の原形が来ているので、この to は"to 不定詞"と判断できます。

　to 不定詞は"名詞""形容詞""副詞"の役割を果たす3つのパターンがありますが、この文では、「名詞としては文型として来る位置がおかしい」ですし、「ミーティングに出席するための火曜日」と捉えても少しおかしいので、副詞の扱いをする副詞的用法になります。さらに、副詞的用法の中でも"目的"「〜するために」と捉えると意味がわかりやすくなります。

　to 不定詞以下は「ミーティングに出席するために」となり「何のミーティングか？」といえば for business owners「事業主のためのミーティング」とミーティングを修飾しています。

/ which starts at 6:30am.
それは　始まる　に　6:30am

　前の英文の終わりに「，（コンマ）」があり「,which」ときたら関係代名詞の非制限用法です。この時の which は前に出てきた名詞や文のことを指していて、補足的にその名詞や文を後から説明しているものだと考えましょう。今回はこの which は a meeting のことを指しています。「a meeting starts at 6:30am」と考えれば「ミーティングは 6:30am に始まる」と和訳できます。

I get up early ／ every Tuesday ／ to attend a meeting ／ for business owners, ／ which starts at 6:30am.

　この文を見た時は「私は早く起きます、毎週火曜日に、ミーティングに参加するためにね、事業主のためのね、それっていうのは 6:30am に始まるんですよ」と読んでいきます。

/ Fifty members belong ／ to the community.
　　　S　　　　　　V　　　　　　M［前置詞＋名詞］
メンバー　所属している　　に　そのコミュニティ

　こちらも SV の第 1 文型です。「50 人のメンバーが所属している」と始まり、belong は to という前置詞がセットとなり、「〜に所属している」の「〜に」に相当します。ここの部分は「50 人のメンバーがそのコミュニティに所属しています」となります。

/ About 5 visitors join the meeting ／ on average,
　　　S　　　　V　　　O　　　　　M［前置詞＋名詞］
約　　ビジター　参加する　そのミーティング　　平均して

　About 5 visitors ここまで主語の S になります。細かいことをいうと about が副詞で「約」という意味で次の「5」という形容詞を修飾しています。「5」は名詞も形容詞もありますが、ここでは次の名詞の visitors を修飾している

形容詞、そして visitors が核となる名詞で、大元の主語になります。join は「〜に参加する」と基本的に目的語を取る第3文型の動詞です。「約5人のビジターがミーティングに参加します」となり、続けて on average は［前置詞＋名詞］のMの役割があり、これで「平均して」という意味があります。

/ and we welcome them / with warm hospitality.

接続詞　S　　　V　　　　O　　　　　　　M［前置詞＋名詞］
そして 私たち 迎える　　彼らを　　　　で あたたかい おもてなし

　接続詞の「and」で前の文と今回の文をつなぎ、第3文型で成り立っている文がきています。them は visitors のことを指している代名詞で「そして私たちは彼らを迎え入れます」と核になる文は訳せます。そして、with warm hospitality「あたたかいおもてなしで」と続きます。

/ The members and visitors have some time

　　　　　　S　　　　　　　V　　　O
　　　　　　　　　　　もっている ある程度 時間

　今回、名詞が2つ「and」で並列に置かれていて、「the members and visitors」が主語になっています。「have」はよく第3文型で使われ「メンバーとビジターはある程度の時間がある」そして「どんな時間か？」という説明が次に続きます。

/ to give a presentation / about their business.

ための する プレゼンテーション　　　について 彼らの　ビジネス

　上記の「to」は次に「give」という動詞の原形があるので to 不定詞です。そして前の「time」という名詞を説明している形容詞の使い方をしています。後から time を説明しているんですね。「プレゼンテーションをするための時間」そして「何についてか？」といえば「彼らのビジネスについて」となります。「メンバーとビジターは自分のビジネスについてプレゼンテーションをするための時間があります」と和訳できますが、実際に英語を読むときに意識して

ほしいのは前から理解することなので

　「メンバーとビジターは、時間があるよ、プレゼンテーションするためのね、自分のビジネスに関してのね」と英語の順番に慣れていきましょう。

/ I always think of / what presentations to give
　S　　M　　　　V　　　　　　　［前置詞＋名詞（句）］
　いつも　考える について　何のプレゼンテーションする

/ and practice the presentation / the day before the meeting.
　接続詞　　　V　　　　　　　O　　　　　　　M　　　M［前置詞＋名詞］
　　　　練習する　　　　　　　　　　　　　　日　　　　前の

　こちらはまず主語は「I」ですが、「and」で動詞を２つ並列に置いています。まず、前半部分から見ていきましょう。ＳとＶの間に always という副詞のＭが挿入されていますが、文型を考えるに当たってＭは無視します。こちらは第１文型のSVで成り立っており、think を使って「～について考える」と表現するときは、よく前置詞の「of」か「about」が使われます。前置詞の前でスラッシュを入れるといいですよと説明していますが、think of や think about のセットでよく使われ、また、音のつながりから個人的には of の後でスラッシュを入れています。「I always think of」までで「私は～についていつも考える」では「何についてか？」といえば、今回は 5W1H+to 不定詞が使われています。

　「what presentations to give」が元々「what presentations I should give」だと考えると、「何のプレゼンテーションをするか」と訳せます。

　そして and で「think」と「practice」の２つの動詞が並べられていて、「practice」以下は「そのプレゼンテーションを練習する」続けて「そのミーティングの前日に」と訳すことができます。

　実際の意味がわかったところで、次は意味のひとかたまりごとで理解できるように読んでみましょう。ここでも「日本語らしく」訳そうとせずに、英語の語順で理解していくように心がけましょう。

I get up early / **every Tuesday** / **to attend a meeting** /
私は早く起きます　　　　　毎週火曜日　　　ミーティングに参加するために

for business owners,
　　　事業主のための

/ **which starts at 6:30am.**
　　　それは 6:30am に始まる

/ **Fifty members belong** / **to the community.**
　　　50 人が所属している　　　　　　そのコミュニティに

/ **About 5 visitors join the meeting** / **on average,**
　　約 5 人のビジター　ミーティングに参加する　　　　平均して

/ **and we welcome them** / **with warm hospitality.**
　　そして 私たちは彼らを迎えます　　　あたたかいおもてなしで

/ **The members and visitors have some time**
　　　　　メンバーとビジターは　　　　　ある程度の時間がある

/ **to give a presentation** / **about their business.**
　　プレゼンテーションをするための　　彼らのビジネスについて

/ **I always think of** / **what presentations to give**
　　　私はいつも考える　　　　　何のプレゼンテーションをするか

/ **and practice the presentation** / **the day before the meeting.**
　　そしてプレゼンテーションの練習をする　　　　　ミーティングの前日に

改めて単語の意味がないスラッシュが入った英文を示します。きれいな和訳にこだわらず、前から文章を読んでみましょう。

I get up early / every Tuesday / to attend a meeting / for business owners, / which starts at 6:30am. / Fifty members belong / to the community. / About 5 visitors join the meeting / on average, /and we welcome them / with warm hospitality. / The members and visitors have some time / to give a presentation / about their business. / I always think of / what presentations to give / and practice the presentation / the day before the meeting.

最後に、スラッシュが入っていない元々の文章を読んでみましょう。

I get up early every Tuesday to attend a meeting for business owners, which starts at 6:30am. Fifty members belong to the community. About 5 visitors join the meeting on average, and we welcome them with warm hospitality. The members and visitors have some time to give a presentation about their business. I always think of what presentations to give and practice the presentation the day before the meeting.

一度理解した文章だとある程度のスピードで読めるようになりませんか。これを何度も繰り返しスピードも意識しながら読んでみてください。

長文にトライ！

　次の文章は、自分が尊敬している経営者の方からいただいた言葉です。その方は、私自身が必要な一歩先のことを教えてくれています。英語で教育の本や論文をたくさん書いていて、私の友人であり大学の教授でもある方に今回は英訳をしていただきました。ご協力、本当に感謝しています。全体を通して読むと、長い文章になりますが、少しずつ見ていきましょう。

　次の文章を見た時に、皆さんだったらどこにスラッシュを入れますか？

"Expectations" can hurt people. They can damage the relationships you have with those you care for and those around you. Having expectations affects the decisions you make, leading you to the path that you do not want to take.

　次のようにスラッシュを入れてみます。

"Expectations" can hurt people. / They can damage the relationships / you have / with those you care for / and those around you. / Having expectations affects the decisions / you make, / leading you to the path / that you do not want to take.

　まずある程度単語の意味を英単語の下に記載したものです。知らなかった単語はご自身のペースで覚えていきましょう。

"Expectations" can hurt people.
　　期待　　　可能性がある 傷つける 人々

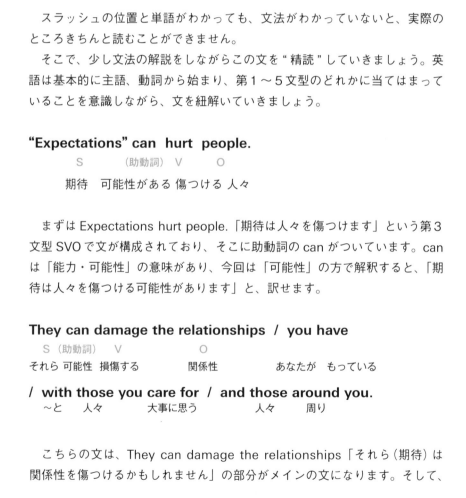

They can damage the relationships / you have
それら 可能性がある 損傷する　　　関係性　　　　あなたが もっている

/ with those you care for / and those around you.
　〜と　　人々　　　大事に思う　　　　人々　　周り

Having expectations affects the decisions / you make,
もつこと　　　期待　　　影響する　　　　決定　　　　する

/ leading you to the path / that you do not want to take.
　導く　　　　〜へ　　　道　　　　　　したくない　　取る

　スラッシュの位置と単語がわかっても、文法がわかっていないと、実際のところきちんと読むことができません。

　そこで、少し文法の解説をしながらこの文を“精読”していきましょう。英語は基本的に主語、動詞から始まり、第1〜5文型のどれかに当てはまっていることを意識しながら、文を紐解いていきましょう。

"Expectations" can hurt people.
　　　S　　　（助動詞）V　　　　O

　　　期待　　可能性がある 傷つける 人々

　まずは Expectations hurt people.「期待は人々を傷つけます」という第3文型 SVO で文が構成されており、そこに助動詞の can がついています。can は「能力・可能性」の意味があり、今回は「可能性」の方で解釈すると、「期待は人々を傷つける可能性があります」と、訳せます。

They can damage the relationships / you have
　S （助動詞）V　　　　　　　　O
それら 可能性 損傷する　　　関係性　　　　あなたが　もっている

/ with those you care for / and those around you.
　〜と　　人々　　大事に思う　　　　人々　　周り

　こちらの文は、They can damage the relationships「それら（期待）は関係性を傷つけるかもしれません」の部分がメインの文になります。そして、

the relationships を文法的に後から説明しているのが you have with those you care for and those around you. の部分になります。実際は

the relationships (which / that) you have with those (who) you care for and those (who are) around you

というように、この文では関係代名詞の目的格「which / that」と、後半部分の those (who) you では関係代名詞の目的格「who」と、those (who are) around you では「who are」が省略されています。

まず部分的に those (who) you care for の部分から考えていくと

文：You care for people.「あなたは人々を大事に思っています」

関係代名詞によって修飾された名詞：people (who) you care for「あなたが大事に思っている人々」

そして people が同じ意味の those に変わり those you care for「あなたが大事に思っている人々」という形が成り立っています。

the relationships (which / that) you have with those you care for and those around you の部分も一度、文にして考えてみましょう。

文 **You have the relationships with those you care for and**
　　S　　V　　　　O　　　　前置詞　　　　名詞1　　　　and

those around you.
名詞2　　M

これは、SVO の第3文型「あなたは関係性をもっています」です。その後に with と続いているので、「誰と？　何と？」と言えば「あなたが大事に思っている人々やあなたの周りの人々と」これを今回はわかりやすく和訳しておくと「あなたが大事に思っている人やあなたの周りの人とあなたは関係性があります」となります。

ただ、今回は関係代名詞によって修飾されている形になっているので

the relationships you have with those you care for and those around you

「あなたが大事に思っている人やあなたの周りの人ともっている"関係性"」というように"関係性"を後から関係代名詞が説明しています。

They can damage the relationships / you have
それら 可能性がある 損傷する　　　 関係性　　　 あなたが もっている
/ with those you care for / and those around you.
　~と　　 人々　　　大事に思う　　　 人々　　 周り

　こちらは「それら（期待）はあなたが大事に思う人やあなたの周りの人との関係性を傷つけるかもしれません」と和訳ができます。

Having expectations affects the decisions / you make,
　もつこと　　　 期待　　 影響する　　　 決定　　　　　 する
/ leading you to the path / that you do not want to take.
　　導く　　　~へ　　 道　　　　 したくない　　 取る

　まずは Having expectations affects the decisions you make の部分から見ていくと、最初に動詞の ing の形である「having」が来ています。そもそも動詞の ing 形を見たら、「動名詞なのか現在分詞なのか」を考えてみましょう。読み進めていくと、affects という動詞があるので、having expectations までがひとかたまりだということがわかります。そのひとかたまりの後に動詞の affects が来ているということは、having expectations が主語の役割を果たしている、そして主語は名詞が当てはまるので、動詞を名詞化した動名詞だということがわかります。

Having expectations affects the decisions
　　　　　 S　　　　　　 V　　　 O

という第3文型でメインの文が成り立っており「期待をもつことは決定に影響します」と訳せます。そして the decisions you make と、これも関係代名詞が省略されているパターンなので

文：You make the decisions.（あなたは決定をします）
関係代名詞によって修飾された名詞：the decisions you make（あなたが行う決定）
のように、後から名詞を説明しています。

Having expectations affects the decisions you make
の部分は「期待を抱くことは、あなたが行う決定に影響します」
このように和訳できます。

次に残りの部分
, leading you to the path that you do not want to take.

「,（コンマ）」の後に、動詞の ing 形が来ると、現在分詞であることが多いです。今回はコンマの直前に修飾される名詞がないので何かを修飾するための分詞ではなく、何かしらの接続詞が省略された分詞構文になります。分詞構文だとわかったら、leading に対する元々の主語が、メインの主語である Having expectations だとわかります。

以下のような文が元々あったとしましょう。

Having expectations leads you to the path
　　　　　S　　　　　　　　V　　　O　　M［前置詞＋名詞］
that you do not want to take.
関係代名詞 that 以下は前の名詞 path を説明

　第３文型で文が成り立っており、「期待を抱くことはあなたを導きます、その道へ」と基本的な部分が訳せます。そして「どんな道か？」と言えば、関係代名詞で説明しており、「あなたが取りたくない道」と訳せます。全体を訳すと「期待を抱くことはあなたが望んでいない方へと導いてしまいます」と解釈できるでしょう。
　そして、ここでは and having expectations leads you~ と接続詞の and と主語の having expectations が省略され、分詞構文が使われることで , leading

you to the path that you do not want to take. という形になっています。

Having expectations affects the decisions you make, leading you to the path that you do not want to take.
「期待を抱くことは、あなたが行う決定に影響し、そしてあなたが望んでいない方へと導いてしまいます」このように和訳をつけることできます。

ここで改めてお伝えしたいことは、文法力がないと結局いつまでも"なんとなく"しか英文を読めないということです。単語だけわかっていても、文法が理解できていないと文章の繋がりが理解できず、本当の意味で文章を読むことはできません。そして実際に文法力がないとスラッシュもどこで入れたらいいのかわからなくなると思います。毎日少しずつでもいいので、ぜひ英文を読むときは、文法を意識しながら精読することも行なっていきましょう。

実際の意味がわかったところで、次は意味のひとかたまりごとで理解できるようになっていきましょう。そして、日本語らしく訳そうとせずに、英語の語順で理解していくようにしましょう。

"Expectations" can hurt people.
　　　　　期待は　傷つける可能性がある　人々を

They can damage the relationships / you have /
それらは　傷つけるかもしれない　関係性を　　　　あなたがもっている

with those you care for / and those around you.
　　あなたが大事に思う人々と　　　　そしてあなたの周りの人々と

Having expectations affects the decisions / you make,
　　　期待をもつことは　　　影響します　　決定に　　　あなたが行う

/ leading you to the path / that you do not want to take.
そして　導きます　あなたを　道へと　　　　あなたが取りたくない

そして改めて単語の意味がないスラッシュが入った英文です。きれいな和訳にこだわらず、前から文章を読んでみましょう。

"Expectations" can hurt people. / They can damage the relationships / you have / with those you care for / and those around you. / Having expectations affects the decisions / you make, / leading you to the path / that you do not want to take.

ちょっとは英語が読めるようになってテンション上がってきませんか？

次の文章を見た時に、皆さんだったらどこにスラッシュを入れますか？

Expectations can often turn into disappointments. "If I tell my boss about my struggles, he/she *should* be empathetic and help me feel better." "Because I have spent this much time listening and giving advice for my friend's unhealthy relationship, she/he *should* break up with her/his partner. Behind this "should," there are always expectations, which affect the way you perceive the world.

次のようにスラッシュを入れてみます。

Expectations can often turn into disappointments. / "If I tell my boss / about my struggles, / he/she *should* be empathetic / and help me feel better." / "Because I have spent this much time / listening and giving advice / for my friend's unhealthy relationship, / she/he *should* break up / with her/his partner. / Behind this "should," / there are always expectations, / which affect the way / you perceive the world.

また、先にある程度単語の意味を英単語の下に記載しました。

Expectations can often turn into disappointments.
　　　期待　　　可能性がある　よく　変わる　〜へ　　　　失望

"If I tell my boss / about my struggles,
もし 私 伝える 私の上司　　について　　　私の悩み

/ he/she *should* be empathetic / and help me feel better."
　彼 / 彼女 べき / はず　親身になって　　　そして 助ける 私を 感じる より良く

"Because I have spent this much time / listening and giving
　なぜなら　　　　　費やした これだけ多くの時間　　聞くこと そして 与えること

advice / for my friend's unhealthy relationship,
アドバイス ために　　友達の　　　不健全な　　　関係性

/ she/he *should* break up / with her/his partner.
　彼女 / 彼は べき / はず　別れる　　〜と 彼女 / 彼の パートナー

Behind this "should,"
　後に　　　この　"べき / はず"

/ there are always expectations, / which affect the way /
　　ある　　　いつも　　　期待　　　　　影響する　　方法

you perceive the world.
　　　　認識する　　　　世界

ここでも先に文法を理解していきながら、精読していきましょう。

Expectations can often turn into disappointments.
　　　S　　（助動詞）副詞 M　V　　　　M［前置詞＋名詞］
　　　期待　　　可能性がある よく 変わる　〜へ　　　　失望

　この文は SV の第1文型で、基盤となる文は Expectations turn.「期待は変わる」という部分です。そこに助動詞の can、副詞の often が付き「期待はよく変わり得ます」と訳せます。そして「何へ変わるのか？」と言えば「失望へ」ということで、こちらの文は「期待はよく失望へと変わることがあります」と和訳できます。

"If I tell my boss / about my struggles,

接続詞 S V　　　　O　　　　　　M［前置詞＋名詞］
もし　伝える　私の上司　　　について　　　私の悩み

　こちらの文は接続詞の if から始まっています。if を見たら副詞節を作る「もし〜なら」名詞節を作る「〜かどうか」の意味だと予想できます。しかし名詞節の if は主語にそのまま来ることができないので、自ずと副詞節の if だということがわかります。この副詞節の中の文は第３文型で成り立っており、If I tell my boss のところまでで「もし私が上司に伝えるなら」と訳すことができます。そして「何についてか？」と言えば「私の悩みについて」ということで、もう少し意訳をするなら「もし上司に相談したなら」というように訳すこともできます。

/ he/she *should* be empathetic / and help me feel better."

彼 / 彼女　べき / はず　　親身になって　　　そして 助ける 私を 感じる より良く

　こちらの文には省略されているものがあります。

/ he/she *should* be empathetic / and (he/she should) help

S　　　（助動詞）V　　　C　　　　　　　　S　　　　　　　V

me (to) feel better."

O

　まず出だしの he/she *should* be empathetic の部分、should が強調のために斜体になっています。こちらは「彼 / 彼女（上司）は親身になってくれるはず」と訳せます。そして次の文は主語と助動詞が同じなので and で文をくっつけた時に省略されています。そして、help 人 to 動詞の原形で「人が〜する手助けをする」という意味になりますが、このときの to はよく省略されます。直訳に近いと「上司は私が元気になる手助けをしてくれるはず」ですが、ここでは前後の文脈から「上司は私を慰めてくれるはず」と意訳できます。

"Because I have spent this much time / listening and giving

接続詞　　S　　V　　　　　　　O　　　　　　　　　　M

なぜなら　　　　費やした　これだけ多くの時間　　聞くこと そして 与えること

advice / for my friend's unhealthy relationship,

　　　　　　　　　　　　　M

アドバイス ために　　友達の　　　不健全な　　　　関係性

　こちらの文は、接続詞の because が最初にあるので、［接続詞＋SV1～5］の節が副詞の役割のある副詞節から始まっています。Because I have spent this much time のところは have の後に動詞の過去分詞が来ているので、この have は「もっている」という動詞の have ではなく、現在完了形の have+動詞の過去分詞の have です。「これだけたくさんの時間を費やしたので」と訳せます。そして spend の目的語はお金や時間をもってきて、その後、「～することに」と動詞の概念が来るとき「in 動詞の ing」という形で表現しますが、この in がよく省略されます。「私は友達の不健全な関係性に耳を傾け、アドバイスをすることにこれだけたくさん時間をかけたので」と訳せます。

/ she/he *should* break up / with her/his partner.

　　　S　（助動詞）　　V　　　　　　［前置詞＋名詞］

彼女 / 彼は べき / はず　別れる　　　　～と　彼女 / 彼の パートナー

　こちらがメインの文で、これは第1文型で成り立っています。「彼女 / 彼は別れるべきです」と訳せます。そして「誰とか？」と言えば「パートナーと」と続くので、全体としては「彼女 / 彼はパートナーと別れるべきです」となります。

Behind this "should,"

　　［前置詞＋名詞］

　後に　　この　　　"べき"

　Behind は前置詞と副詞の2つ、品詞として役割があります。今回は behind の後に名詞のみが来ているので前置詞だとわかります。「この "べき"

の裏には」と訳せます。

/ there are always expectations, / which affect the way /
　　M　　V　　　M　　　　　　S
　　ある　　いつも　　期待　　　　　　　　影響する　　方法

you perceive the world.
　　認識する　　　　世界

　まずは there are always expectations, のところから見ていきましょう。there are ときたら、「いる・ある」の存在表現です。その直後に「何があるのか」「誰がいるのか」といった名詞がきますが、今回は副詞の always が挿入されており、その次に名詞の expectations が来ていますので「いつも期待がある」と訳せます。そして「どんな期待か」と言えば、[, which] と関係代名詞の非制限用で後から説明されています。

expectations, / which affect the way / you perceive the world
　　　　　　　　関係代名詞　　動詞

　関係代名詞の直後に名詞ではなく、動詞がきている時は、この関係代名詞は主格の役割を果たしています。元々の文を考えてみましょう。

文　**Expectations affect the way [you perceive the world].**
　　　　　S　　　　　V　　　　O

　こういう文が元々成り立っています。そして the way の後にも文がありますが、これは関係副詞という文法で the way がどんなものが後から you perceive the world で説明しています。「期待はあなたが世界を認知する方法（ものの見方）に影響します」と、訳せます。ただ今回は

　関係代名詞によって修飾された名詞：expectations, which affect the way you perceive the world.
　となっているので「期待、そしてそれというのはあなたのものの見方に影

響します」と、一度、最初の名詞を言っておいて、後から補足的に説明している構造になっていると捉えておきましょう。

　実際の意味がわかったところで、次は意味のひとかたまりごとで理解できるようになっていきましょう。そして、日本語らしく訳そうとせずに、英語の語順で理解していくようにしましょう。

Expectations can often turn into disappointments.
　　　　　期待は よく 変わることがある　　　　　　失望へと

"If I tell my boss / about my struggles,
もし 私の上司に伝えたら　　　 私の悩みについて

/ he/she *should* be empathetic / and help me feel better."
　　彼 / 彼女 親身になってくれるはず　　 そして 私を助ける より良く感じるように

"Because I have spent this much time / listening and giving
　　なぜなら　　 私は費やした これだけ多くの時間を　 聞いてアドバイスをあげることに

advice / for my friend's unhealthy relationship,
　　　　　　 友達の不健全な関係性に対して

/ she/he *should* break up / with her/his partner.
　　　彼女 / 彼は 別れるはず　　　 彼女 / 彼のパートナーと

Behind this "should,"
　 この "べき論" の裏に

/ there are always expectations, / which affect the way /
　　　　 ある　　　　　 いつも期待が　　　　　 それは方法に影響する

you perceive the world.
　 あなたが世界を認識する

　そして改めて単語の意味がないスラッシュが入った英文です。きれいな和訳にこだわらず、前から文章を読んでみましょう。

Expectations can often turn into disappointments. / "If I tell my boss / about my struggles, / he/she *should* be empathetic / and help me feel better." / "Because I have spent this much time / listening and giving advice / for my friend's unhealthy relationship, / she/he *should* break up / with her/his partner. / Behind this "should," / there are always expectations, / which affect the way / you perceive the world.

　次の文章を見た時に、皆さんだったらどこにスラッシュを入れますか？

In fact, there are beneficial types of expectations. Expecting and being expected, we often feel motivated to make efforts and aim high, which often results in positive outcomes. Understanding expectations of ourselves and those of others and striving to meet them can help cultivate trust and rapport.

　次のようにスラッシュを入れてみます。

In fact, / there are beneficial types of expectations. / Expecting and being expected, / we often feel motivated / to make efforts / and aim high, / which often results in positive outcomes. / Understanding expectations of ourselves / and those of others / and striving to meet them / can help cultivate trust and rapport.

また、先にある程度単語の意味を英単語の下に記載しました。

In fact, / there are beneficial types of expectations.
実際　　　　　ある　　　有益な　タイプ ～の　　期待

/ Expecting and being expected,
期待すること　　　　期待されること

/ we often feel motivated / to make efforts / and aim high,
私たち　よく　感じる　やる気　　　　　する　　努力　　　　目指す 高く

/ which often results in positive outcomes.
よく　結果になる　前向きな　　結果

/ Understanding expectations of ourselves / and those of others
理解すること　　　　期待　　～の 私たち自身　　　　それら ～の 他の人

/ and striving to meet them / can help cultivate trust and rapport.
努力すること　満たす それらを　　手助けする 育てる　　信頼 と 関係

そして、また先に文法を理解していきながら精読していきましょう。

In fact, / there are beneficial types of expectations.
　M　　　　　M　V　　　　　　　S
実際　　　　　ある　　有益な　タイプ ～の　　　期待

　In fact は熟語で「実際には」という意味です。そして there are と来ているので「誰かがいる、何かがある」と考え、何があるかと言えば「有益なタイプがある」そして of はよく「～の」と訳されますが、of には"性質"の意味があるので、「期待という性質に属した有益なタイプがある」ということは「有益なタイプの期待があります」と訳せます。

Expecting and being expected,

M

期待すること　　　　期待されること

/ we often feel motivated / to make efforts / and aim high,

S　　　　　V　　　　　C

私たち　よく　感じる　　やる気　　　　する　　努力　　　　目指す　高く

/ which often results in positive outcomes.

よく　結果になる　　前向きな　　結果

　Expecting and being expected と動詞の ing で始まっているので、動名詞か現在分詞のどちらかになりますが、コンマの後に主語の we が来ているので、これは現在分詞で、さらに分詞構文の使い方だとわかります。分詞構文はいくつかの意味で捉えることができますが、今回は"手段"として捉えて「期待すること、期待されることで」と訳せます。

　Motivate は「motivate 人 to 動詞の原形」で「人に〜をするように仕向ける、やる気を与える」という使い方があります。これが受動態の形になれば「主語 be motivated to 動詞の原形」「主語は〜をするようにやる気がわいている」となります。今回は be 動詞の代わりに feel が使われているので we often feel motivated の部分は「私たちはよくやる気になります」と訳せます。そして「何をするやる気なのか？」と言えば make efforts と aim high「努力をして高みを目指す」つまり「私たちはよく努力をして、高みを目指すようにやる気になります」と訳すことができます。

　次に , which が来ており、今回は関係代名詞の which の直前に名詞が来ていないので、which は前の文を指していると考えます。そして which の後に、副詞の often は文型として無視して、次に動詞が来ているので、この which は主語の役割を果たしていると考えます。which often results in positive outcomes. は「このことはよく前向きな結果になります」と訳せます。この文全体の訳を考えると、「期待すること、期待されることで、私たちはよく努力して、高みを目指すようにやる気になり、それは結果として前向きな結果が生まれます」と訳せます。

Understanding expectations of ourselves / and those of others
理解すること　　　　　　期待　　　～の 私たち自身　　　　それら ～の 他の人

/ and striving to meet them / can help cultivate trust and rapport.
努力すること　満たす それらを　　　手助けする 育てる　　信頼 と 関係

　こちらの文も Understanding と動詞の ing の形から始まっていますので、動名詞か分詞を疑いましょう。そして文をそのまま読み進めていきながら、動詞を探します。次に and striving と動詞の ing が来て、それから can help とあります。今回はメインの動詞は help、その前に出てきた２つの ing 形が and で結ばれて主語になっているので、今回は動名詞と判断できます。

　１つ目の ing 形のひとかたまり「Understanding expectations of ourselves and those of others」では、understanding「理解すること」が主語に来ており、「何を理解するのか？」と後を読み進めていくと、expectations of ourselves と those of others と目的語が and で結ばれて２つあります。those of others の those は「the expectations」を指す代名詞なので「私たち自身に対する期待と他人に対する期待を理解すること」つまり「お互いの期待を理解すること」と考えることができます。

　そして and striving to meet them は、striving が「努力すること」、to meet them は to 不定詞の副詞的用法の目的と考えて「そしてそれらを満たすために努力すること」も主語となり、それが can help cultivate trust and rapport「信頼関係を育てる手助けをする可能性もあります」と訳せます。
　help の後に動詞の原形が来ていますが、これは「help to 動詞の原形」の to が省略された形です。
　「お互いの期待があってそれに応えるようにすれば、信頼関係が生まれます」と意訳できるでしょう。

　実際の意味がわかったところで、次は意味のひとかたまりごとで理解できるようになっていきましょう。そして、日本語らしく訳そうとせずに、英語の語順で理解していくようにしましょう。

In fact, / there are beneficial types of expectations.
実際　　　　　ある　　　　　　　　　　有益なタイプの期待

/ Expecting and being expected,
期待すること　　　　　期待されること

/ we often feel motivated / to make efforts / and aim high,
私たち　よく　　　やる気になる　　　　努力をする　　　　　高みを目指す

/ which often results in positive outcomes.
それは　　よく　結果になる　　　前向きな結果

/ Understanding expectations of ourselves / and those of others
理解すること　　　　　私たち自身に対する期待　　　　　他人への期待

/ and striving to meet them / can help cultivate trust and rapport.
努力すること　それらを満たす　　　育てる手助けする　　　信頼関係を

　そして改めて単語の意味がないスラッシュが入った英文です。きれいな和訳にこだわらず、前から文章を読んでみましょう。

In fact, / there are beneficial types of expectations. / Expecting and being expected, / we often feel motivated / to make efforts / and aim high, / which often results in positive outcomes. / Understanding expectations of ourselves / and those of others / and striving to meet them / can help cultivate trust and rapport.

次の文章を見た時に、皆さんだったらどこにスラッシュを入れますか？

We need to keep in mind that we do not strive to achieve the goals that others set for us. When we are too focused on seeking approval from others and value their evaluations over ours, we start living the life of others. Being fixated on the approval-seeking mindset, you will become the kind of person that someone else wants you to be. You'll forget who you are or who you want to be, and you will start living the life of someone else.

次のようにスラッシュを入れてみます。

We need to keep in mind / that we do not strive / to achieve the goals / that others set for us. / When we are too focused / on seeking approval / from others / and value their evaluations over ours, / we start living the life of others. / Being fixated / on the approval-seeking mindset, / you will become the kind of person / that someone else wants you to be. / You'll forget / who you are / or who you want to be, / and you will start living the life / of someone else.

そろそろ慣れてきた頃だと思うので、今回はところどころひとかたまりの意味を記載しています。

We need to keep in mind / that we do not strive
私たち 必要がある 心に留めておく　　　　　努力していない

/ **to achieve the goals** / **that others set for us.**
　　目標を達成するために　　　　他人が用意した　私たちのために

/ **When we are too focused** / **on seeking approval**
　　とき　私たちが集中し過ぎている　　　　承認を求めることに

/ **from others** / **and value their evaluations over ours,**
　　他人からの　　　そして 大事にする　彼らの評価　　自分の評価より

/ **we start living the life of others.**
　　　生き始める　　　他人の人生を

/ **Being fixated** / **on the approval-seeking mindset,**
　　執着して　　　　　　承認を求める考え方に

/ **you will become the kind of person**
　　　その種の人になってしまう

/ **that someone else wants you to be.**
　　　他者があなたになってほしい

/ **You'll forget** / **who you are** / **or who you want to be,**
　　忘れるだろう　　あなたが誰なのか　　もしくは なりたい自分

/ **and you will start living the life** / **of someone else.**
　そして　　生き始める　　　人生を　　　　　誰かの

そして、また先に文法の解説をしておきましょう。

We need to keep in mind / **that we do not strive**
私たち　必要がある　心に留めておく　　　努力していない

/ **to achieve the goals** / **that others set for us.**
　　目標を達成するために　　　他人が用意した　私たちのために

　We need to keep in mind のところは「need to 動詞の原形」という形で「〜する必要がある」となり keep in mind は熟語で「心に留めておく」と覚えておきましょう。「私たちは心に留めておく必要があります」となります。そして、「どういうことを？」という内容を that 節で説明しています。strive to の使い方は前にも出てきた「〜するために努力する」となるので「ゴールを達成するために努力をしていない」では「どんなゴールか？」と言えば、

関係代名詞の that で後から the goals を説明しています。

　that の後に主語、動詞とあり、動詞 set の目的語が抜けていることから、この that は関係代名詞の目的格だと判断できます。

　関係代名詞の目的格は省略することもできますが、省略すると文を理解するのにわかりにくい時は残しておきます。「他人が私たちのために用意したゴール」とゴールを説明しているので、こちらの文全体は「私たちは他人が用意した目標を達成するために努力しているのではないと心に留めておく必要があります」となります。今までの文章の流れから「私たちは他人の期待を満たすために生きているわけではないと、私たちは知っておかなければなりません」と解釈できます。

/ **When we are too focused** / **on seeking approval**
　　とき　　私たちが集中し過ぎている　　　　承認を求めることに

/ **from others** / **and value their evaluations over ours,**
　　他人からの　　　そして 大事にする　　彼らの評価 自分の評価より

/ **we start living the life of others.**
　　　生き始める　　　　他人の人生を

　こちらは When から始まっているので「〜とき」と副詞節から始まっており、over ours までが副詞節のひとかたまりになっています。be focused on で「〜に集中している」という意味になるので「私たちがあまりに集中しているとき」そして on のあとは名詞が来るので、動詞が名詞化された動名詞がきて「承認を求めることに」それが「誰からのか？」といえば「他人からの」ということで「私たちが他人からの承認を求めることに集中し過ぎて」と訳せます。

　そして and value と続いていますが、value には名詞と動詞の２つの品詞があります。今回は value の後にさらに their evaluations と名詞が来ている、かつ their evaluation の後に動詞が来ていないので、value が動詞で their evaluations がその目的語になっているとわかります。ちなみに their evaluations の後に動詞が来ていると、their evaluations 以下のひとかたまりが関係代名詞が省略された節などの可能性があり、後から value という名詞を説明している可能性も出てきます。今回は value が動詞なので「私たち

の評価より他人の評価を大事にする」と訳せるので、When から over ours までが「私たちが他人からの承認を求め過ぎて、他者の評価ばかり気にし過ぎると」と意訳できます。

　そして、この文の主節が we start living the life of others. ですが、start 動詞の ing で「～することを始める」となり、「私たちは他人の人生を生き始めます」と訳せます。

/ Being fixated　/ on the approval-seeking mindset,
　　　　執着して　　　　　　　　　承認を求める考え方に

　こちらは Being から始まっており、be 動詞に ing がついているので動名詞か現在分詞のどちらかになります。そのまま読み進めていっても動詞が見つからず、コンマの後に主語、助動詞、動詞ときているのでコンマの後がメインの文、Being の方が副詞の役割がある分詞構文だとわかるので、この Being は現在分詞になります。「be fixated on」は熟語で「～に執着している」となるので、「承認を求める考え方に執着して」と和訳できます。

/ you will become the kind of person
　　　　　　その種の人になってしまう

/ that someone else wants you to be.
　　　　　　他者があなたになってほしい

　メインの文である主節は、まずは you will become the kind of person が核となる文で「あなたはその種の人になってしまうでしょう」と訳せます。そして、「どんなひとか？」といえば、後ろから関係代名詞の that で説明されています。この that の後に、名詞である someone そして else を挟んで wants という動詞が来ているので目的格の関係代名詞だとわかります。そして「want 人 to 動詞の原形」で「人に～をしてほしい」となるので、「誰か（他者）があなたになってほしい」と訳せます。「他人が求める人物にあなたはなってしまうでしょう」とメインの文はなります。

/ You'll forget / who you are / or who you want to be,
　　忘れるだろう　　　あなたが誰なのか　　　もしくは なりたい自分

/ and you will start living the life / of someone else.
　そして　　　　　生き始める　　　人生を　　　　　誰かの

　You'll forget は You will が短縮形になっています。「あなたは忘れるでしょう」となり「何を忘れるのか？」といえば次に目的語が来ています。who you are と who you want to be は 5W1H の名詞節です。作りから考えていくと

疑問文：Who are you?（あなたは誰ですか？）
名詞節：who you are（あなたは誰なのか / 本当の自分）

　と疑問文を、5W1H は先頭のままで、残りを肯定文と同じ語順に変えてあげると名詞節にすることができました。

疑問文：Who do you want to be?（あなたは誰になりたいですか？）
名詞節：who you want to be（あなたは誰になりたいのか / なりたい自分）

　というように疑問文を名詞節に変えているからこそ、初めて文の中に組み込み、名詞が当てはまるところに 5W1H の名詞節を置くことができるのです。

　「あなたは本当の自分、なりたい自分を忘れてしまうでしょう」となり、「and you will start living the life / of someone else.」は前にも似たような文があり「そして、あなたは他者の人生を生きることになります」と訳せます。

　実際の意味がわかったところで、次は意味のひとかたまりごとで理解できるようになっていきましょう。そして、日本語らしく訳そうとせずに、英語の語順で理解していくようにしましょう。

We need to keep in mind / that we do not strive
私たち　必要がある　心に留めておく　　　努力していない

/ to achieve the goals / that others set for us.
　目標を達成するために　　　　　他人が用意した　私たちのために

/ When we are too focused / on seeking approval
　とき　私たちが　集中し過ぎている　　　承認を求めることに

/ from others / and value their evaluations over ours,
　他人からの　　　そして 大事にする　彼らの評価 自分の評価より

/ we start living the life of others.
　生き始める　　　　他人の人生を

/ Being fixated / on the approval-seeking mindset,
　執着して　　　　　承認を求める考え方に

/ you will become the kind of person
　　　　　その種の人になってしまう

/ that someone else wants you to be.
　　　他者があなたになってほしい

/ You'll forget / who you are / or who you want to be,
　忘れるだろう　　あなたが誰なのか　もしくは　　なりたい自分

/ and you will start living the life / of someone else.
　そして　　　　生き始める　　　　人生を　　　　誰かの

　そして改めて単語の意味がないスラッシュが入った英文です。きれいな和訳にこだわらず、前から文章を読んでみましょう。

We need to keep in mind / that we do not strive / to achieve the goals / that others set for us. / When we are too focused / on seeking approval / from others / and value their evaluations over ours, / we start living the life of others. / Being fixated / on the approval-seeking mindset, / you will become the kind of person / that someone else wants you to be. / You'll forget / who you are / or who you want to be, / and you will start living the life / of someone else.

次で最後のパラグラフです。もう少し一緒に頑張りましょう。

次の文章を見た時に、皆さんだったらどこにスラッシュを入れますか？

> We do not live to meet the expectations of others. They do not live to meet your expectations, either. The default is that people do not act in a way that you expect them to do. The key to produce something positive in our life is to maintain healthy expectations for others while not imposing the expectations on them.

次のようにスラッシュを入れてみます。

> We do not live / to meet the expectations of others. / They do not live / to meet your expectations, either. / The default is / that people do not act / in a way / that you expect them to do. / The key / to produce something positive / in our life / is to maintain healthy expectations / for others / while not imposing the expectations / on them.

ある程度、意味を下に記載しました。

We do not live / to meet the expectations of others.
私たちは生きていない　　　　他人の期待を満たすために

/ They do not live / to meet your expectations, either.
　彼らは生きていない　　　　あなたの期待を満たすために　　もまた

/ The default is / that people do not act / in a way
　　基本は　　　　　　人々は行動しない　　　　　方法で

/ that you expect them to do.
あなたが彼らにしてくれると期待する

/ The key / to produce something positive / in our life
　　　鍵　　　　　　　前向きなものを生み出すための　　　人生において

/ is to maintain healthy expectations / for others
　　　健全な期待を保つこと　　　　　　　他人に対して

/ while not imposing the expectations / on them.
　　期待を押し付けないようにしつつも　　　　彼らに

　ここでも先に文法の解説をしておきましょう。

We do not live / to meet the expectations of others.
　私たちは生きていない　　他人の期待を満たすために

　We do not live「私たちは生きていない」の後に to が来ている場合、to の後に名詞が来ていたら前置詞の to ですが、後に動詞が来ているので to 不定詞の to になります。この to 不定詞は直前に名詞がないので形容詞的用法ではありません。live は live 〜 life という表現の時は目的語を取る SVO の第 3 文型になりますが基本的に SV の第 1 文型の形をとるので、to 不定詞は名詞的用法でもありません。よって、この to 不定詞は副詞的用法になります。今回は目的の使い方になるので「他人の期待を満たすために」となります。

/ They do not live / to meet your expectations, either.
　　彼らは生きていない　　あなたの期待を満たすために　　もまた

　こちらは先の文とほぼ同じ形になります。最後に、either と付いていますが、これは否定文と一緒に使う「〜も（また）」という意味になります。「彼らもまた、あなたの期待を満たすために生きていません」と訳せます。

/ The default is / that people do not act / in a way
　　　　基本は　　　　　　　　　人々は行動しない　　　　方法で

/ that you expect them to do.
あなたが彼らにしてくれると期待する

　The default is（SV）の後に that 節が来ているので that 節以下が C の SVC の第２文型だとわかります。完成している文の一番前に that をつけることで文を名詞化しています。that 節内の作りを見ていくと、後半にまた that があります。この that の内の文を見ると、do という第３文型になりやすい動詞の後に目的語がないことがわかるので、この that は関係代名詞の that で後ろから直前の a way を説明しているものだとわかります。「基本は、人々はあなたが期待している方法で行動しません」つまり「人々はあなたの思う通りに動いてくれないのは、当たり前です」と意訳できます。

/ The key / to produce something positive / in our life
　　　　鍵　　　　　前向きなものを生み出すための　　　　人生において

　ここまでのひとかたまりが今回の主語です。to 不定詞は前の key という名詞を説明している形容詞的用法です。そして to 不定詞以下の something ですが、something, anything, nothing に形容詞が修飾するときは、形容詞は後ろから修飾します。something positive で「前向きな何か」となります。「私たちの人生において前向きなものを生み出す鍵となるものは」ここまでが主語の訳になります。

/ is to maintain healthy expectations / for others
　　　　健全な期待を保つこと　　　　　　　　　他人に対して

/ while not imposing the expectations / on them.
　　　　期待を押し付けないようにしつつも　　　　彼らに

　そして動詞以下です。is の後に to 不定詞が来ていますので、第２文型の SVC という形で to 不定詞が C のところに来ているので、この to 不定詞は名詞的用法だとわかります。while 前まで訳すと「他人への健全な期待を保つこ

と」となります。while の後に not 動詞の ing が来ているということは、こちらは分詞構文の接続詞を残したパターンになります。元々 while you don't impose the expectations on them. という文だったと考えると「一方で、他人に期待を押し付けない」と訳すことができます。まとめると「他人に対して期待をしつつも、その期待を押し付けないことです」となります。

　実際の意味がわかったところで、次は意味のひとかたまりごとで理解できるようになっていきましょう。そして、日本語らしく訳そうとせずに、英語の語順で理解していくようにしましょう。

We do not live / to meet the expectations of others.
私たちは生きていない　　他人の期待を満たすために

/ They do not live / to meet your expectations, either.
彼らは生きていない　　　　あなたの期待を満たすために　　もまた

/ The default is / that people do not act / in a way
基本は　　　　　　人々は行動しない　　　　方法で

/ that you expect them to do.
あなたが彼らにしてくれると期待する

/ The key / to produce something positive / in our life
鍵　　　　　前向きなものを生み出すための　　人生において

/ is to maintain healthy expectations / for others
健全な期待を保つこと　　　　　　　　他人に対して

/ while not imposing the expectations / on them.
期待を押し付けないようにしつつも　　　彼らに

そして改めて単語の意味がないスラッシュが入った英文です。きれいな和訳にこだわらず、前から文章を読んでみましょう。

We do not live / to meet the expectations of others. / They do not live / to meet your expectations, either. / The default is / that people do not act / in a way / that you expect them to do. / The key / to produce something positive / in our life / is to maintain healthy expectations / for others / while not imposing the expectations / on them.

では、今まで一緒に読んでいった英文をスラッシュ付きで読んでみましょう。

"Expectations" can hurt people. / They can damage the relationships / you have / with those you care for / and those around you. / Having expectations affects the decisions / you make, / leading you to the path / that you do not want to take.

Expectations can often turn into disappointments. / "If I tell my boss / about my struggles, / he/she *should* be empathetic / and help me feel better." / "Because I have spent this much time / listening and giving advice / for my friend's unhealthy relationship, / she/he *should* break up / with her/his partner. / Behind this "should," / there are always expectations, / which affect the way / you perceive the world.

In fact, / there are beneficial types of expectations. / Expecting and being expected, / we often feel motivated / to make efforts

/ and aim high, / which often results in positive outcomes. / Understanding expectations of ourselves / and those of others / and striving to meet them / can help cultivate trust and rapport.

We need to keep in mind / that we do not strive / to achieve the goals / that others set for us. / When we are too focused / on seeking approval / from others / and value their evaluations over ours, / we start living the life of others. / Being fixated / on the approval-seeking mindset, / you will become the kind of person / that someone else wants you to be. / You'll forget / who you are / or who you want to be, / and you will start living the life / of someone else.

We do not live / to meet the expectations of others. / They do not live / to meet your expectations, either. / The default is / that people do not act / in a way / that you expect them to do. / The key / to produce something positive / in our life / is to maintain healthy expectations / for others / while not imposing the expectations / on them.

"Expectations" can hurt people. They can damage the relationships you have with those you care for and those around you. Having expectations affects the decisions you make, leading you to the path that you do not want to take.

Expectations can often turn into disappointments. "If I tell my boss about my struggles, he/she *should* be empathetic and help me feel better." "Because I have spent this much time listening and giving advice for my friend's unhealthy relationship, she/he *should* break up with her/his partner. Behind this "should," there are always expectations, which affect the way you perceive the world.

In fact, there are beneficial types of expectations. Expecting and being expected, we often feel motivated to make efforts and aim high, which often results in positive outcomes. Understanding expectations of ourselves and those of others and striving to meet them can help cultivate trust and rapport.

We need to keep in mind that we do not strive to achieve the goals that others set for us. When we are too focused on seeking approval from others and value their evaluations over ours, we start living the life of others. Being fixated on the approval-seeking mindset, you will become the kind of person that someone else wants you to be. You'll forget who you are or who you want to be, and you will start living the life of someone else.

We do not live to meet the expectations of others. They do not live to meet your expectations, either. The default is that people do not act in a way that you expect them to do. The key to produce something positive in our life is to maintain healthy expectations for others while not imposing the expectations on them.

　いかがでしたか。皆さんにとって英語の新しい扉が開けたのではないでしょうか。

おわりに

　みなさん、実際に英語の文章を読んでみてどうでしたか。この書でお書きしてきたことは、読解する上でとても大切なことです。人にはそれぞれこれが1番と思うやり方もあると思います。この本を読んで、もしかしたら読者の中には本書で紹介したやり方に対して首を傾げる方もいるかもしれませんが、だまされたと思って実践してみてください。もちろんだますつもりはさらさらありませんが。

　英語学習法に関して本を読んだり、人から話を聞いたりして、それで英語がわかったつもりでは意味がありません。あとは、実践あるのみです！　使わない知識は役に立ちません。

　また、この本に書かれてあることを1人で実践できない方は、パーソナルトレーナーをつけて英語の勉強をするのも1つのやり方です。

　「はじめに」にも書きましたがいろんな学習法が世の中にはあります。みなさんの英語のレベルによって、それぞれの勉強法はタイミングが合うときがあります。さらに、いろいろな勉強法がある中で、みなさんとの相性が良い勉強法があることも事実です。たとえ、やり方が効率良くても、モチベーションが維持できなければ意味がありません。もしこの本を読んで、よくわからなかった、やる気になれなかったということであれば、もう少し時間が経ってから再度読んでみてください。きっと、「なるほど！」と腑に落ちるタイミングが必ず来ると信じています。

　英語リーディングは、
　1：語彙力の向上・文法の習得
　2：精読
　3：多読

この順番でリーディングの練習をするのが効率的です。語彙力を上げて、文法もしっかりと把握して、精読・多読に進んでいきます。

　多読をして、よく英文の内容が理解できなければ精読に戻って、そしてまた多読に進むという方法をお勧めします。でも、最初からこのやり方だと気が乗らない方は、最初はSNSで外国の方をフォローしたり、英語のニュースなどをアプリやネットで読んだりして、英語に触れる習慣をつけることから始めてもいいと思います。

　ニュースなども、最初は内容を読まずにタイトルだけ目を通していたら、そのうち気になる記事が出てくることもあります。気になった記事に関しては、内容を知りたいという気持ちが湧いてくると思うので、そこからじっくり読んでみましょう。それを繰り返しているうちに、読むことにも慣れてきて、英語の記事や本などを読むことが楽しくなってくるはずです。まずは興味のあるものから読み始めて、色々と読めるようになりたくなったら、またこの本のことを思い出してください。

　この本が少しでもみなさんの役に立ちますことを心より願っています。

　最後になりましたが、英文や学習法に関して質問、確認、相談させてもらった親友の中村幸子さん、瀬戸口亜希さんに感謝いたします。そして生きていく上で、いつも自分の一歩先の問いかけをしてくれて成長させてくれる山村欣矢さん、いつも応援してくれるこの本のグラフィックデザイナーの文字モジ男さんは、この本を書くきっかけを与えてくれました。本当に感謝しています。そして家族、自分に関わってくれる全ての人にハグをして回りたいほど感謝の気持ちを伝えたいです。

　ありがとうございました。

2021年12月　**大庭 平八郎**

著者プロフィール

大庭 平八郎
High Trevor 代表

福岡大学人文学部英語学科卒業。在学
中に英国リーズ大学に 1 年間留学。ロ
ンドン 1 年間、アメリカ 14 ヶ月間サー
ビス業勤務。帰国後、社会人を対象と
した英語学校にて計 7 年近く働いた後
に 2018 年に独立。パーソナルレッス
ンをメインで行いながら、企業研修も
行う。生徒さんにあった例文をカスタ
マイズして、その例文を一緒に作る練
習を行ったり、生徒さんが読みたい英
文を文法解説しながら一緒に読解をし
たり、目標達成まで必要なことを順序
立てて教えていくスタイル。サービス
業の経験を活かし、英語の接客マニュ
アルの作成もしている。

High Trevor
https://hightrevor.com/

世界を広げる
英語リーディング

2021年12月10日　第1刷発行

著者
大庭平八郎

発行
大庭平八郎
High Trevor 代表

発売
株式会社メディア・ケアプラス
〒140-0011品川区東大井3-1-3-306
電話：03-6404-6087　Fax：03-6404-6097

装丁・本文デザイン
文字モジ男

DTP
大村麻紀子

印刷・製本
日本ハイコム株式会社